Inhalt

Einführung

Meze-Gerichte sind vielleicht das, was man von der griechischen Küche am besten kennt; die Schreibweise des Wortes kann variieren, gemeint ist jedoch immer das gleiche. Meze sind Leckerbissen, kleine Gerichte, die man mit einem kühlen Getränk zu sich nimmt, während man sich, zurückgelehnt in einen Stuhl, in der Sonne des Mittelmeers entspannt und mit Freunden oder Passanten plaudert.

In Griechenland werden Meze in jedem Café, in jedem Haus und an vielen Straßenecken angeboten. Sie können alles sein; von der kleinen Knabberei aus gerösteten Kürbiskernen bis hin zu einer großen Auswahl an verführerischen Salaten, Gerichten aus Hülsenfrüchten, Dips, winzigen Kebabs, Gemüsen, die manchmal gefüllt werden, und vielem, vielem mehr.

Wenn Sie wie ich einer von den Menschen sind, die es schwierig finden, sich etwas auf der Speisekarte auszusuchen oder sich zu entscheiden, was sie für eine bestimmte Gelegenheit kochen wollen, dann sind Meze-Gerichte die Lösung. Es gibt von allem etwas, und Ihre Gäste werden fasziniert sein von den unzähligen immer neuen Gerichten, die aus der Küche kommen, bis sie wirklich nichts mehr essen können ... oder vielleicht doch noch einen Bissen!

Dieses Buch bietet Ihnen eine große Auswahl an Gerichten für die Meze-Tafel. Einige der Rezepte sind traditionell, andere klassisch, und nicht wenige haben wir unserem hiesigen Geschmack angepaßt, indem wir manche Zutaten durch andere ersetzt oder die Art und Weise der Zubereitung leicht verändert haben, um sie für Sie zugänglicher zu machen.

Kreieren Sie Ihre eigene Meze-Tafel, indem Sie Ihre Lieblingsgerichte aus den folgenden Kapiteln auswählen, oder versuchen Sie einmal die vorgeschlagenen Menüs, die Sie im ganzen Buch verstreut finden. Servieren Sie nur wenige Gerichte zur gleichen Zeit, beginnen Sie mit den Horsd'œuvres, bringen Sie dann Hauptgerichte auf den Tisch und bieten Sie zum Schluß süße Meze-Speisen an.

Natürlich müssen Sie diese Rezepte nicht ausschließlich für eine Meze-Tafel verwenden. Sie können jedes dieser Gerichte in ein Menü einbauen, es als leichtes Mittagessen, als Vorspeise oder als Nachtisch servieren, wenn Sie den Wunsch haben, Ihrem Essen eine griechische Note zu geben. Sie können natürlich auch die Menge der Zutaten vergrößern, wenn Sie ein Meze-Gericht gerne als Hauptspeise servieren möchten (denken Sie nur daran, auch die Garzeit zu verlängern). Das ist das wundervolle an den griechischen Meze-Gerichten; Sie können jederzeit einfach etwas hinzufügen, wenn Sie unerwarteten Besuch bekommen, oder wenn Sie das Gericht etwas verlängern wollen.

Meze-Gerichte sind Ausdruck der griechischen Lebensweise – sie sind in jeder Hinsicht zwanglos. Es gibt keine besondere Art und Weise, wie man Meze-Gerichte servieren sollte; Sie suchen sich einfach das Gericht aus, das Sie am liebsten mögen, und stellen es Ihren Gästen hin, die sich dann selbst bedienen. Die meisten Gerichte können im voraus zubereitet werden, andere kann man stundenlang auf dem Herd köcheln lassen oder erst kurz vor dem Servieren wieder aufwärmen. Ganz egal, für welche Gelegenheit, mit griechischen Meze-Gerichten können Sie sicher sein, daß die Zubereitung nicht in Streß ausarten wird.

LINKS
Unterwegs zum Gemüsemarkt in Heraklion ... Früchte, Tabak, Stoffe und Olivenöl sind die wichtigsten Exportgüter des Landes.

RECHTS
Der Palast von Knossos auf Kreta, dem Zentrum der minoischen Kultur 2000 Jahre v. Chr. Der Legende zufolge traf Theseus hier auf den Minotaurus.

Griechische Meze-Gerichte

Roter Himmel bei Nacht, dem Hirten
Freude macht ... Hóra Sfakion in der
Abenddämmerung.

Griechische Meze-Gerichte

100 kleine unverwechselbare Leckerbissen

Sarah Maxwell

KÖNEMANN

This book was designed and produced by
Quintet Publishing Limited
6 Blundell Street
London N7 9BH

Original title: Meze Cooking

Creative Director: Richard Dewing
Designer: Chris Dymond
Project Editor: Damian Thompson
Editor: Diana Vowles
Illustrator: Marianna Ziffo
Photographer: Trevor Wood

© 1995 für die deutsche Ausgabe
Könemann Verlagsgesellschaft mbH
Bonner Str. 126, D-50968 Köln
Redaktion der deutschen Ausgabe:
Daniela Kumor, Köln
Satz der deutschen Ausgabe:
Birgit Beyer, Köln
Übersetzung aus dem Englischen:
Kristine Rohrbach, Düsseldorf
Druck und Bindung: Sing Cheong Printing
Printed in Hong Kong
ISBN 3-89508-115-9

Einige Worte zum Wein

Griechenland besitzt mehr als 300 einheimische Traubensorten; das Land produziert eine erstaunliche Anzahl vollmundiger Rotweine, einige exzellente Dessertweine und eine große Auswahl an Weißweinen und Rosés.

Retsina ist wohl der bekannteste griechische Wein. Viele Nicht-Griechen, die ihn zum ersten Mal probieren, finden, daß man erst einmal auf den Geschmack seines geheimnisvollen Aromas kommen muß. Er wird genauso hergestellt wie jeder andere Weißwein, nur daß man zu Beginn der Gärung etwas Kiefernharz hinzufügt, das dem Wein seine besondere Note gibt. Retsina muß als junger Wein und gut gekühlt getrunken werden und paßt perfekt zu allen Gerichten der griechischen Küche.

Naoussa und Naoussa Grande Reserve sind zwei bemerkenswerte Weine aus Makedonien. Es sind hervorragende kräftige, trockene Rotweine, die mindestens vier Jahre liegen müssen, bis sie gut sind. Sie sollten zu einer besonderen Gelegenheit getrunken werden und bei Raumtemperatur zu einem pikanten, schmackhaften Gericht serviert werden.

Die weiße Muskattraube beherrscht die griechische Insel Samos, eines der ältesten Weinanbaugebiete des Landes. Der blaßgoldene Muskat von Samos ist einer der bekanntesten Weine Griechenlands. Dieser leichte, frische, süßliche Weißwein sollte gekühlt serviert werden; er eignet sich für Fisch oder für Gerichte aus hellem Fleisch und ist natürlich ein hervorragender Dessertwein.

Der Ouzo ist zwar kein Wein, doch er darf hier nicht unerwähnt bleiben, weil er das eigentliche Nationalgetränk Griechenlands ist. Als besonders starker Branntwein klassifiziert, wird dieser klare, etwas dickliche, nach Lakritze schmeckende Likör aus den Resten der Trauben gebrannt, die für die Herstellung von Wein ausgepreßt wurden. Ouzo sollte Raumtemperatur haben und eventuell mit ein bißchen Eiswasser getrunken werden. Dazu sollte man auf jeden Fall etwas essen und in Gesellschaft von guten Freunden oder der Familie sein.

Bunt bemalte Boote beleben den sommerlichen Hafen von Haniá.

Horsd'œuvres

Hühnersuppe mit Ei-Zitronen-Sauce

KOTOSOUPA AVGOLEMONO

◆ ◆ ◆ ◆

Diese scharfe Suppe ist herrlich leicht und erfrischend. Sie ist kräftig genug für eine Wintersuppe, hat aber auch genug Pfiff, um im Sommer gereicht zu werden.

Zubereitungszeit: ungefähr 30 Min.
Garzeit: ungefähr 3¹/₂ Std.
FÜR 6 PERSONEN

- *1,5 kg ofenfertiges Huhn, ohne Innereien*
- *1 große Zwiebel*
- *2,5 l Wasser*
- *Salz und frisch gemahlener schwarzer Pfeffer, nach Belieben*
- *2 Gewürznelken*
- *250 g Langkornreis*
- *2 Eier*
- *frisch gepreßter Saft von 1 Zitrone*

1 Das Huhn in einen großen Kochtopf legen, die Zwiebel, die Gewürznelken und das Wasser hinzufügen. Langsam den Inhalt des Topfes zum Kochen bringen. Den Schaum abschöpfen. 2¹/₂ bis 3 Std. bei niedriger Hitze köcheln lassen, bis das Fleisch sich leicht vom Knochen lösen läßt.

2 Den Kochtopf vom Herd nehmen. Das Huhn herausnehmen und auf ein Brett legen. Mit einem Schaumlöffel die Zwiebel und die Gewürznelken herausnehmen und wegwerfen. Mit einem Tranchiermesser das Fleisch von den Hühnerknochen lösen und in kleine mundgerechte Stücke schneiden. Die Knochen wegwerfen.

3 Die Hühnerstücke wieder in den Kochtopf geben und die Suppe erneut zum Kochen bringen. Den Reis hinzufügen und die Suppe zugedeckt 15–20 Min. köcheln lassen, bis der Reis gar ist.

4 In einer mittelgroßen Schüssel das Ei mit dem Zitronensaft schaumig schlagen. Vier bis fünf Kellen von der Suppe zu der Eimischung geben und jedes Mal kräftig schlagen. Dann die Eimischung in den Kochtopf gießen und mit einem Holzlöffel so lange rühren, bis alles gut vermischt ist. Eventuell nachwürzen. Sofort servieren.

UNTEN
Die unvergleichliche Klarheit des Lichts im Mittelmeerraum läßt auch gewöhnliche Szenen im Glanz erstrahlen – z.B. diese Hausfassade in Psichró.

Klassische griechische Gemüsesuppe
HORTOSOUPA

◆ ◆ ◆ ◆

Servieren Sie diese klassische griechische Suppe am besten mit frisch gebackenem Olivenbrot (*Eliopitta*).

Zubereitungszeit: ungefähr 15 Min.
Garzeit: ungefähr 1 Std. 35 Min.
FÜR 6–8 PERSONEN

- *100 ml Olivenöl*
- *2 Knoblauchzehen, zerdrückt*
- *2 Zwiebeln, feingehackt*
- *250 g Kohl, kleingeschnitten*
- *3 Möhren, gehackt*
- *3 Selleriestangen, gehackt*
- *2 große Kartoffeln, geschält und gewürfelt*

- *2,5 l Gemüsebrühe oder Wasser*
- *4 Tomaten, gehäutet, entkernt und gehackt*
- *Salz und frisch gemahlener schwarzer Pfeffer*
- *4 EL gehackte Petersilie*
- *50 g Feta- oder Kefalotyrikäse, gerieben*

1 Das Olivenöl in einem großen Kochtopf erhitzen und den Knoblauch und die Zwiebeln hinzufügen. Fünf Minuten schmoren lassen, bis die Zwiebeln weich, aber noch nicht gebräunt sind. Den Kohl dazugeben und das Ganze noch 3–4 Min. weiterkochen lassen.

2 Die Möhren und den Sellerie hinzugeben und unter Rühren weitere 5 Min. köcheln lassen. Die Kartoffeln hinzufügen und unter Rühren weitere 5 Min. köcheln lassen, bis das Gemüse weich ist.

3 Die Gemüsebrühe oder das Wasser hinzugeben und gut verrühren. Die Hitze verstärken, um die Suppe zum Kochen zu bringen. Zugedeckt 12–15 Min. köcheln lassen. Die Tomaten dazugeben und nach Belieben mit Salz und Pfeffer würzen. Die Suppe zugedeckt eine weitere Stunde köcheln lassen. Die Petersilie kurz vor Ende der Kochzeit unterrühren. Mit geriebenem Käse bestreuen.

Auberginenpüree

MELITZANOSALATA

◆ ◆ ◆ ◆

Für dieses Rezept braucht man große, frische Auberginen, damit das Püree ein kräftiges Aroma bekommt. Sie können es nach Wunsch glatt oder etwas grober servieren.

Zubereitungszeit: ungefähr 20 Min.
Garzeit: ungefähr 1 Std.
Ofentemperatur: 190 °C
FÜR 4–6 PERSONEN

- *2 große Auberginen*
- *4 Knoblauchzehen, geschält*
- *50 ml Olivenöl und etwas Olivenöl zum Einfetten*
- *1 EL Essig*
- *¹/₂ TL Zucker*
- *Salz und frisch gemahlener schwarzer Pfeffer, nach Belieben*
- *feingehackte schwarze Oliven und feingehackte Petersilie zum Garnieren*

1 Den Ofen auf 190 °C vorheizen. Die Auberginen waschen und mit saugfähigem Küchenpapier trockentupfen. Die Auberginen rundum mit einer Gabel einstechen und auf ein gut eingefettetes Backblech legen. Ungefähr 1 Stunde backen, bis die Haut schrumpelig und das Fleisch weich ist. Aus dem Ofen nehmen.

2 Die Auberginen langsam kalt werden lassen, dann schälen und halbieren. Die Kerne herausschneiden und wegwerfen. Das Auberginenfleisch mit dem Knoblauch in eine Küchenmaschine oder einen Mixer geben und pürieren.

3 Bei laufendem Mixer das Öl in einem Strahl hineinlaufen lassen, dann den Essig dazugeben. Den Zucker hineinstreuen und nach Belieben mit Salz und Pfeffer würzen. Weiter pürieren, bis die gewünschte Konsistenz erreicht ist. Das Püree in eine Servierschüssel geben und die gehackten Oliven und die Petersilie darüberstreuen.

Dip aus Joghurt, Gurken und Knoblauch
TZATZIKI

◆ ◆ ◆ ◆

Dieser leichte, erfrischende Dip sollte immer gut gekühlt serviert werden. Er ist einfach zu machen und schmeckt köstlich mit Pittabrot oder zu allen fritierten Gerichten.

Zubereitungszeit: ungefähr 10 Min.
Garzeit: keine
FÜR 4–6 PERSONEN

- *500 g Joghurt*
- *½ Gurke*
- *3 Knoblauchzehen, zerdrückt*
- *2 EL gehackte frische Minze*
- *2 EL Olivenöl*
- *1 EL Weißweinessig*
- *Salz, nach Belieben*
- *feingehackte frische Minze zum Garnieren*

1 Den Joghurt in eine mittelgroße Schüssel geben. Die Gurke schälen und raspeln und vorsichtig zwischen den Handflächen zusammenpressen, um das überflüssige Wasser zu entfernen. Die Gurke mit dem Joghurt verrühren.

2 Dann den Knoblauch, die frische Minze, das Olivenöl und den Essig unterrühren und mit Salz abschmecken. Zugedeckt bis zum Verzehr in den Kühlschrank stellen. Vor dem Servieren mit feingehackter frischer Minze bestreuen.

Osterlammsuppe
MAGEIRITSA

◆ ◆ ◆ ◆

Mageiritsa **ist das griechische Wort für die Reste des Osteressens. Es ist Tradition, das ganze Tier, ob Lamm oder Ziege, zu verwenden. Sogar die Füße! In dieser Version nimmt man in Stücke geschnittenes Lammfleisch, das man mit griechischem Osterbrot (***Tsoureki***) serviert, um nach der Mitternachtsmesse die Fastenzeit zu beenden. (Siehe Seite 37, das traditionelle Ostermenü.)**

Zubereitungszeit: ungefähr 30 Min.
Garzeit: ungefähr 3½ Std.
FÜR 6–8 PERSONEN

- *2 kg Lammschulter*
- *2 Selleriestangen, gehackt*
- *1 große Möhre, gehackt*
- *1 große Zwiebel, gehackt*
- *Salz und frisch gemahlener schwarzer Pfeffer, nach Belieben*
- *2,5 l Wasser*
- *4 EL gehackter frischer Dill*
- *4 EL gehackte frische Minze*
- *100 g Langkornreis*
- *3 Eier*
- *frisch gepreßter Saft von 1 großen Zitrone*
- *gehackter frischer Dill und gehackte frische Minze zum Garnieren*

1 Das Lamm zusammen mit dem Sellerie, der Möhre und der Zwiebel in einen großen Kochtopf legen. Würzen und Wasser hinzufügen.

2 Die Suppe zum Kochen bringen, 2½–3 Std. köcheln lassen und den Schaum abschöpfen, bis das Fleisch weich ist und sich leicht vom Knochen lösen läßt.

3 Das Lamm aus dem Kochtopf nehmen und auf ein Brett legen. Mit einem Tranchiermesser das Fleisch vom Knochen lösen und in kleine Stücke schneiden. Das Fleisch wieder in den Kochtopf geben, den gehackten Dill und die gehackte Minze hinzufügen und den Reis einrühren. Die Suppe wieder unter gelegentlichem Rühren zum Kochen bringen, und dann köcheln lassen, bis der Reis weich ist.

4 In einer mittelgroßen Schüssel die Eier mit dem Zitronensaft verquirlen. 3–4 Kellen Suppe hineinrühren, dann die Eimischung in den Kochtopf geben und mit einem Holzlöffel so lange rühren, bis das Ganze gut vermischt ist. Die Suppe in Suppentellern servieren und mit den gehackten Kräutern garnieren.

Dip aus Kabeljaurogen

TARAMOSALATA

◆ ◆ ◆ ◆

Ursprünglich wurde für *Taramosalata* Karpfenrogen verwendet, heute nimmt man stattdessen oft Kabeljaurogen. Er verändert zwar den Geschmack des Gerichtes ein wenig, ist jedoch erheblich billiger. Kabeljaurogen ist außerdem leichter erhältlich.

Zubereitungszeit: ungefähr 10 Min.
Garzeit: keine
FÜR 4 PERSONEN

- 100 g Karpfen- oder Kabeljaurogen, ohne die membranartige Haut
- 1 mitteldicke Scheibe Weißbrot, ohne Kruste
- 1 mittelgroße Kartoffel, weichgekocht und geschält
- 1 Zwiebel, feingehackt
- 100 ml Olivenöl
- frisch gepreßter Saft von 1 Zitrone
- Zitronenschnitze und gehackte frische Petersilie zum Garnieren

1 Den Rogen in eine Küchenmaschine oder in einen Mixer geben. Die Scheibe Brot gleichmäßig mit kaltem Wasser bespritzen, bis sie eingeweicht ist, dann zwischen den Handflächen zusammendrücken, um überflüssiges Wasser zu entfernen und zum Rogen geben.

2 Die Kartoffel grob zerhacken und mit der Zwiebel in die Küchenmaschine oder den Mixer geben. Die Mischung möglichst auf kleiner Stufe zerkleinern. Bei laufender Maschine das Olivenöl und den Zitronensaft kontinuierlich hineinlaufen lassen, bis das Püree weich und cremig ist. Mit Zitronenschnitzen und Petersilie garnieren und kalt servieren.

UNTEN
Der Hafen in Hóra Sfakion wird durch die bunten Farben der Fischerboote belebt, die ihre Fänge von Tintenfisch, Sardinen, Schwertfischen und Garnelen ausladen.

Klassischer griechischer Salat
HORIATIKI SALATA

◆ ◆ ◆ ◆

Das Geheimnis dieses weltbekannten Salates liegt nicht in seiner Zubereitung, sondern in seinen Zutaten. Wenn Sie das herrliche Gefühl fauler Sonnentage am Mittelmeer beschwören wollen, dürfen Sie von allem nur das Frischeste nehmen.

Zubereitungszeit: ungefähr 20 Min.
Garzeit: keine
FÜR 4–6 PERSONEN

- *2 große reife Tomaten*
- *1/2 Gurke, gewürfelt*
- *1 grüne Paprikaschote, entkernt und in Ringe geschnitten*
- *50 g Kalamata-Oliven*
- *1 große rote Zwiebel, in Ringe geschnitten*
- *200 g Fetakäse, gewürfelt*
- *geraspelte Schale und Saft von einer 1/2 Zitrone*
- *50 ml Olivenöl*
- *1 TL getrocknetes Oregano*
- *grob gemahlenes Salz, nach Belieben*

1 Die Tomaten in kleine Stücke schneiden und in eine mittelgroße Schüssel geben. Die Gurke, die Paprikaschote und die Oliven hinzufügen.

2 Den Salat mit der Hälfte der roten Zwiebelringe und der Hälfte der Fetawürfel vermischen. Dann die restliche Zwiebel und den restlichen Feta über den Salat verteilen.

3 Darüber die Zitronenschale und den -saft verteilen und dann mit dem Olivenöl, dem Oregano und dem Salz anmachen. Den Salat kurz vor dem Servieren noch einmal vorsichtig vermischen.

Griechischer Kartoffelsalat
PATATOSALATA

◆ ◆ ◆ ◆

Der Kartoffelsalat schmeckt noch intensiver, wenn Sie ihn zwei Tage bevor Sie ihn servieren wollen, zubereiten. »Vergessen« Sie ihn bis dahin zugedeckt im Kühlschrank.

Zubereitungszeit: ungefähr 20 Min.
Garzeit: 20–25 Min.
FÜR 4–6 PERSONEN

- *1 kg kleine neue Kartoffeln, gründlich gewaschen*
- *1 mittelgroße rote Zwiebel, in feine Ringe geschnitten*
- *50 g Kalamata-Oliven, gewaschen und abgetropft*
- *4 EL Olivenöl*
- *2 EL Rotweinessig*
- *Salz und frisch gemahlener schwarzer Pfeffer, nach Belieben*
- *1 TL getrockneter Thymian*

1 Die Kartoffeln in einen großen Kochtopf legen und mit kochendem Wasser übergießen. Wieder zum Kochen bringen und 20–25 Min. kochen, bis die Kartoffeln weich sind. Abschütten und langsam abkühlen lassen.

2 Die Kartoffeln in ¹/₂ cm dicke Scheiben schneiden und kreisförmig auf einer Platte verteilen. Die Zwiebelringe darüber verstreuen. Die Oliven darauflegen.

3 Das Öl, den Essig, die Gewürze und den Thymian in einen Mixbecher geben und gründlich schütteln. Die Soße über den Salat gießen und vor dem Servieren zugedeckt kühl stellen.

Dip aus Kichererbsen

HUMMUS

◆ ◆ ◆ ◆

Ein klassisches Meze-Gericht, das Sie mit warmem Pitta-brot servieren sollten. Es ist nicht nötig, getrocknete Kichererbsen zu nehmen, da die aus der Dose einfacher zuzubereiten sind. Das Resultat ist genauso gut.

Zubereitungszeit: ungefähr 15 Min.
Garzeit: keine
FÜR 4–6 PERSONEN

- *500 g Kichererbsen aus der Dose, gewaschen und abgetropft*
- *100 g Tahina-Paste*
- *50 ml Wasser*
- *2 Knoblauchzehen, zerdrückt*
- *50 ml Olivenöl*
- *100 ml frisch gepreßter Zitronensaft*
- *Salz und frisch gemahlener schwarzer Pfeffer, nach Belieben*
- *1 TL Paprikapulver*
- *gehackte Petersilie zum Garnieren*

1 Die Kichererbsen in eine Küchenmaschine oder einen Mixer geben und grob pürieren. Die Tahina-Paste und das Wasser in einer mittelgroßen Schüssel mit einer Gabel miteinander verrühren, bis ein weicher, glatter Brei entsteht.

2 Die Tahina-Paste und den Knoblauch zu den Kichererbsen geben und weiterpürieren, bis der Brei glatt ist. Bei laufender Maschine das Olivenöl und den Zitronensaft gleichmäßig hineinlaufen lassen, bis die Mischung weich und kremig ist. Nach Geschmack mit Salz und frisch gemahlenem schwarzen Pfeffer würzen. Den *Hummus* mit Paprikapulver bestreuen und mit der gehackten Petersilie garnieren.

UNTEN
Hier an der Südküste Kretas in der Nähe von Frangokastello sieht man, warum die Insel für ihre wunderbaren wildwachsenden Frühlingsblumen berühmt ist.

Thunfisch mit Kichererbsen

TONOS ME REVITHIA

◆ ◆ ◆ ◆

Diese sommerliche Kombination aus Thunfisch und Kichererbsen ist ein köstliches kaltes Meze-Gericht, das auch ein schnelles und nahrhaftes leichtes Mittagessen abgibt.

Zubereitungszeit: ungefähr 10 Min.
Garzeit: keine

FÜR 4–6 PERSONEN

- *400 g Kichererbsen aus der Dose*
- *400 g Dosenthunfisch*
- *4 Frühlingszwiebeln, feingehackt*
- *1 Stangensellerie, feingehackt*
- *100 ml Olivenöl*
- *4 EL frisch gepreßter Zitronensaft*
- *feingeraspelte Schale und Saft von $^1/_2$ Zitrone*
- *3 EL gehackte frische Petersilie*
- *1 EL gehackter frischer Dill*
- *Salz und frisch gemahlener schwarzer Pfeffer, nach Belieben*
- *2 Knoblauchzehen, zerdrückt*
- *$^1/_4$ TL Senfpulver*
- *frische Petersilie und frischer Dill zum Garnieren*

1 Die Kichererbsen und den Thunfisch abtropfen lassen und in eine mittelgroße Schüssel geben. Vorsichtig die Frühlingszwiebeln und den Sellerie untermischen.

2 Die restlichen Zutaten bis auf die Kräuter zum Garnieren in einen Mixbecher geben. Gut schütteln und dann über die Kichererbsen und den Thunfisch gießen. Vorsichtig umrühren und die Mischung auf einer Platte anrichten. Zugedeckt mehrere Stunden vor dem Servieren kühl stellen. Dann mit den frischen Kräutern garnieren.

Gerösteter Paprikasalat
PIPERIES OREKTIKO

◆ ◆ ◆ ◆

Dieser Salat sieht besonders schön aus, wenn man unterschiedliche Paprikasorten verwendet.

Zubereitungszeit: ungefähr 30 Min.
Garzeit: ungefähr 20–25 Min.
Ofentemperatur: 230 °C
FÜR 4 PERSONEN

- *6 verschiedenfarbige Paprikaschoten*
- *2 Zwiebeln, feingehackt*
- *Salz und frisch gemahlener schwarzer Pfeffer, nach*

Belieben
- *3 EL Weißweinessig*
- *50 ml Olivenöl*
- *3 EL gehackte Petersilie zum Garnieren*

1 Den Ofen auf 230 °C vorheizen. Alle Paprikaschoten auf das Backblech legen und 20–25 Min. im Ofen rösten, bis die Paprikaschoten weich sind und die Haut Blasen wirft.

2 Die Schoten langsam abkühlen lassen, dann die Haut abziehen und die Paprikaschoten halbieren. Den Stiel und die Kerne entfernen.

3 Die Paprikaschoten in Streifen schneiden und auf eine Platte legen. Die Zwiebeln, das Salz und den Pfeffer, Essig und Öl darüber geben. Dann mit gehackter Petersilie garnieren und gut gekühlt servieren.

23

Marinierte Hackbällchen

KEFTEDAKIA ME SALTSA

◆ ◆ ◆ ◆

Diese köstlichen, mundgerechten Happen sind ein wichtiger Bestandteil der Meze-Tafel. Ganz egal, wie viele sie davon zubereiten, sie werden bestimmt alle gegessen.

Zubereitungszeit: ungefähr 15 Min.
plus Marinierzeit
Garzeit: ungefähr 55 Min.
Ofentemperatur: 230 °C, später 200 °C
FÜR 4 PERSONEN

- *300 g mageres Rinderhack*
- *50 g frische Weißbrotkrumen*
- *1 verquirltes Ei*
- *1 TL Senf*
- *1 EL gehackte frische Petersilie*
- *1 Prise getrocknetes Oregano*
- *1 Zwiebel, geraspelt*
- *Salz und frisch gemahlener schwarzer Pfeffer, nach Belieben*
- *1 TL getrocknete Minze*
- *jeweils 1 Prise gemahlenen Zimt und Nelkenpulver*
- *2 Knoblauchzehen, zerdrückt*
- *Olivenöl zum Einfetten*
- *400 g Tomaten aus der Dose*
- *50 ml Wasser*
- *gehackte frische Petersilie und Minze zum Garnieren*

1 Den Ofen auf 230 °C vorheizen. Alle Zutaten außer Tomaten und Wasser in eine Schüssel geben und gut vermischen. Daraus mit feuchten Händen 2,5 cm große Bällchen formen und sie auf ein leicht gefettetes Backblech legen.

2 20 Min. im Ofen garen. Nach der Hälfte der Backzeit jedes Bällchen umdrehen. Die Fleischbällchen auf saugfähigem Küchenpapier trocknen lassen und dann in eine große, flache, ofenfeste Form geben. Beiseite stellen.

3 Dann die Tomaten aus der Dose in eine Küchenmaschine oder einen Mixer geben und pürieren, bis sie glatt sind. Durch ein Sieb passieren, um die Kerne zu entfernen. Dann den gesiebten Tomatensaft in einen kleinen Kochtopf geben und Wasser hinzufügen. Die Sauce 5 Min. köcheln lassen und dann über die Fleischbällchen gießen. Langsam abkühlen lassen, zugedeckt mehrere Stunden oder über Nacht in den Kühlschrank stellen.

4 Um die Fleischbällchen wieder aufzuwärmen, in den auf 200 °C vorgeheizten Backofen stellen und 25–30 Min. backen. Während der Garzeit mehrmals umrühren. Mit den gehackten frischen Kräutern garnieren und servieren.

Gebratener Käse

SAGANAKI

◆ ◆ ◆ ◆

Saganaki ist das griechische Wort für die schwere Bratpfanne, in der dieses Gericht gemacht wird. Mit einem Glas Ouzo serviert, ist es ein einfaches klassisches Meze-Gericht.

Zubereitungszeit: ungefähr 15 Min.
Garzeit: ungefähr 10 Min.
FÜR 4–6 PERSONEN

- *250 g Haloumikäse*
- *50 g Mehl*
- *frisch gemahlener schwarzer Pfeffer, nach Belieben*
- *50 ml Olivenöl*
- *2 EL frisch gepreßter Zitronensaft*

1 Den Käse in gut 7 cm lange und 1 cm breite, ziemlich dicke Scheiben schneiden. Die Käsescheiben unter fließendem Wasser abspülen und mit Küchenpapier abtupfen.

2 Mehl auf eine Platte streuen und mit Pfeffer würzen. Die Scheiben darin wenden, bis sie gleichmäßig bedeckt sind.

3 Das Öl in einer schweren Bratpfanne erhitzen und die Käsescheiben – nicht zu viele auf einmal – hineinlegen. Das überschüssige Mehl vor dem Braten abschütteln. Die Käsescheiben 2–3 Min. auf jeder Seite braten, dann auf eine warme Platte legen und eventuell mit einem saugfähigen Küchenpapier das überschüssige Fett abtupfen.

4 Die *Saganaki* mit Zitronensaft beträufeln, sofort servieren.

Huhn in Blätterteigröllchen
BOUREKAKIA ME KOTA

◆ ◆ ◆ ◆

Blätterteig wird in der griechischen Küche gerne verwendet; solange man ein paar einfachen Regeln folgt, ist er leicht zu handhaben. Das Ergebnis beeindruckt immer.

Zubereitungszeit: ungefähr 35 Min.
Garzeit: ungefähr 45 Min.
Ofentemperatur: 190 °C
FÜR 8–10 PERSONEN

- *450 g Hähnchenbrustfilet, ohne Haut*
- *1 große Zwiebel, geviertelt*
- *2 Selleriestangen, grob zerkleinert*
- *3 Pfefferkörner*
- *1 Prise Salz*
- *1 Zweig frische Petersilie*
- *50 g Butter*
- *2 EL gehackter frischer Dill*
- *50 g Fetakäse, gerieben*
- *1 verquirltes Ei*
- *250 g Blätterteig, aufgetaut, falls tiefgefroren*
- *200 g zerlassene Butter*

1 Die Hähnchenfilets mit der Zwiebel, dem Sellerie, den Pfefferkörnern, dem Salz und der Petersilie in eine tiefe Pfanne legen. So viel Wasser dazugeben, daß das Hähnchenfleisch bedeckt ist, und 20 – 25 Min. köcheln lassen, bis es gar ist.

2 Das Hähnchen mit einem Schaumlöffel aus der Pfanne nehmen und zusammen mit der Zwiebel und dem Sellerie in eine Küchenmaschine oder einen Mixer geben. Den Rest wegwerfen und die Pfanne für den weiteren Gebrauch reinigen.

3 Das Hähnchen und das Gemüse so lange pürieren, bis ein glatter Brei entsteht. 50 g Butter in der Pfanne zerlassen und die Mischung aus Hähnchen und Gemüse 5–10 Min. darin braten, bis sie leicht gebräunt ist. Den gehackten Dill und den geriebenen Käse unterrühren. Das Ganze beiseite stellen und vollständig abkühlen lassen, dann das Ei darunterschlagen. In der Zwischenzeit den Ofen auf 190 °C vorheizen.

4 Für die Blätterteigrollen den Blätterteig auf der Arbeitsfläche ausbreiten und mit einem feuchten Tuch bedecken. Die erste Teigschicht abheben und auf die Arbeitsfläche legen. Die anderen Schichten bleiben bedeckt, damit sie nicht austrocknen. Die erste Teigschicht in drei gleiche Streifen schneiden und jeden Streifen mit der zerlassenen Butter bestreichen.

5 Zwei gehäufte Teelöffel der Hähnchenmischung auf das eine Ende eines Teigstreifens geben und das andere Ende des Streifens 5 mm einschlagen. Dann die Teigstreifen von dem Ende mit der Füllung an aufrollen. Die Rolle muß fest und gleichmäßig sein. Dann die Rolle auf ein gefettetes Backblech legen und mit etwas zusätzlicher zerlassener Butter bestreichen.

6 Den Vorgang mit den anderen Streifen wiederholen, und dann die anderen Teigschichten auf die gleiche Weise verwenden. Vielleicht brauchen Sie mehr als ein Backblech.

7 Die Teigröllchen ungefähr 20 Min. im Ofen backen, bis sie goldgelb und knusprig sind.

Knusprige Teigtaschen mit Fleischfüllung
COUPES

◆ ◆ ◆ ◆

Der knusprige Mantel aus Weizenschrot verhüllt eine überraschende Füllung aus köstlichem Fleisch. Eine weitere griechische Spezialität, der man kaum widerstehen kann.

Zubereitungszeit: ungefähr 20 Min.
Garzeit: ungefähr 20 Min.
FÜR 8–10 PERSONEN

- *350 g Hartweizenschrot*
- *350 ml kochendes Wasser*
- *Salz und frisch gemahlener schwarzer Pfeffer, nach Belieben*
- *2 TL gemahlener Zimt*
- *1 EL Pflanzenöl, plus Öl*
- *zum Fritieren*
- *200 g mageres Schweinehack*
- *4 Frühlingszwiebeln, feingehackt*
- *2 EL gehackte frische Petersilie*

1 Den Hartweizenschrot in eine mittelgroße Schüssel geben und das kochende Wasser darüber gießen. Mit Salz und frisch gemahlenem schwarzen Pfeffer würzen und 1 TL Zimt einrühren. Zum Abkühlen zur Seite stellen, ab und zu umrühren.

2 Unterdessen die Füllung vorbereiten: 1 EL Öl in einer Pfanne erhitzen und das Schweinefleisch und die Zwiebeln dazugeben. 10–15 Min. braten, bis das Fleisch nicht mehr rosa, sondern durch ist. Dann die Petersilie einrühren und den restlichen Zimt hinzufügen. Nach Geschmack mit Salz und frisch gemahlenem schwarzen Pfeffer würzen. Zum Abkühlen zur Seite stellen.

3 Um die *Coupes* zu formen, die Hände anfeuchten und eine kleine Handvoll von der Weizenschrotmischung zu einer Kugel formen. Mit dem Zeigefinger oder einem Teelöffel ein Loch in die Mitte der Kugel drücken und mit der Schweinefleischmischung füllen. Die Kugel an zwei Seiten zusammendrücken, um eine ovale Tasche aus ihr zu formen und zur Seite legen. Mit dem restlichen Teig weitermachen.

4 Das Öl in einer Friteuse erhitzen und die *Coupes* darin portionsweise 3–5 Min. backen, bis sie goldgelb und knusprig sind. Die gebackenen *Coupes* auf saugfähigem Küchenpapier abtropfen lassen und im Ofen warmhalten, bis die anderen Teigtaschen fertig sind. Warm servieren.

Blätterteigtaschen mit Käse
TIROPITTES

◆ ◆ ◆ ◆

Ein klassisches Meze-Gericht. Warum nicht die doppelte Menge machen und die Hälfte der *Tiropittes* vor dem Backen einfrieren? Dann haben Sie etwas, was Sie hervorzaubern können, wenn unerwartete Gäste kommen.

Zubereitungszeit: ungefähr 25 Min.
Garzeit: ungefähr 20 Min.
Ofentemperatur: 200 °C
FÜR 8–10 PERSONEN

- *250 g Fetakäse*
- *200 g Hüttenkäse*
- *2 verquirlte Eier*
- *2 EL gehackte frische Petersilie*
- *1 EL gehackte frische Minze*
- *Salz und frisch gemahlener schwarzer Pfeffer, nach Belieben*
- *250 g Blätterteig, aufgetaut, falls tiefgefroren*
- *200 g Butter, zerlasssen*

1 Den Ofen auf 200 °C vorheizen. Den Fetakäse und den Hüttenkäse in eine mittelgroße Schüssel geben und gut vermischen. Die Eier, die Petersilie und die Minze untermischen.

2 Um die *Tiropittes* zu machen, den Blätterteig auf die Arbeitsfläche legen und mit einem feuchten Tuch bedecken. Die erste Teigschicht abheben und auf der Arbeitsfläche ausbreiten. Die anderen Schichten bleiben bedeckt, damit sie nicht austrocknen. In drei gleich große Streifen schneiden und jeden Streifen leicht mit zerlassener Butter bestreichen.

3 2 TL der Käsemischung in die untere rechte Ecke des Teigstreifens geben. Die Ecke diagonal auf die obere linke Ecke falten, damit ein kleines Dreieck entsteht. Dann die untere linke Ecke diagonal auf die obere rechte falten, und so weiter, immer abwechselnd die unteren Ecken diagonal auf die oberen falten, so daß ein festes, ordentliches Dreieck entsteht.

4 Diesen Vorgang mit den anderen Streifen wiederholen und dann mit den anderen Teigschichten genauso verfahren. Vielleicht brauchen Sie mehr als ein gefettetes Backblech.

5 Die *Tiropittes* im Ofen 15–20 Min. backen, bis sie goldbraun und knusprig sind. Die Dreiecke auf einen Gitterrost legen, warm oder kalt servieren.

Mini-Kebabs

SOUVLAKIA MEZE

◆ ◆ ◆ ◆

Souvlakia ist das griechische Wort für kleine Fleischstückchen (manchmal auch Gemüse), die auf Spieße gesteckt sind und auf dem Grill gebraten werden. Dieses Rezept ist im Ofen gemacht. Natürlich können Sie auch einen Grill verwenden, wenn Sie wollen.

Zubereitungszeit: ungefähr 15 Min.
Garzeit: ungefähr 15–20 Min.
Ofentemperatur: 190 °C
FÜR 6–8 PERSONEN

- *1 kg Lammkeule, ohne Knochen*
- *120 ml Olivenöl*
- *1 TL gemahlener Kreuzkümmel*
- *1 TL getrockneter Oregano*
- *2 Lorbeerblätter, zerkleinert*
- *2 Knoblauchzehen, zerdrückt*
- *1 Zwiebel, sehr feingehackt*
- *50 ml Rotwein*
- *50 ml Rotweinessig*
- *2 EL frisch gepreßter Zitronensaft*
- *Salz und frisch gemahlener schwarzer Pfeffer, nach Belieben*

1 Das Lamm in gut 2 cm große Würfel schneiden und auf einen großen flachen Teller legen. Alle restlichen Zutaten in einen Mixbecher geben und gut durchschütteln.

2 Die Marinade über das Fleisch gießen, so daß es gleichmäßig damit bedeckt ist. Zudecken und an einem kühlen Ort mehrere Stunden oder über Nacht marinieren.

3 Den Ofen auf 190 °C vorheizen. Die Fleischstücke auf Spieße stecken und die Kebabs auf ein Backblech legen. 15–20 Min. backen, ab und zu umdrehen, bis sie braun und durch sind. Die Souvlakia auf den Spießen servieren. Dazu Pittabrot und viel grünen Salat auf die Meze-Tafel stellen.

Gemüse

Knusprig gebratene Zucchini
TEGANITA KOLOKYTHAKIA

◆ ◆ ◆ ◆

Dieses Rezept sieht zwar einen Ausbackteig vor, in dem man die Zucchini wälzen soll, man kann Gemüse aber generell auch nur in gewürztem Mehl wälzen, bevor man sie fritiert.

Zubereitungszeit: ungefähr 10 Min. plus Zeit zum Kaltstellen
Garzeit: ungefähr 3–5 Min.
FÜR 4–6 PERSONEN

- *350 g Mehl*
- *Salz und frisch gemahlener schwarzer Pfeffer, nach Belieben*
- *1 Prise gemahlener Zimt*
- *150 ml Wasser*
- *450 g Zucchini*
- *Pflanzenöl zum Fritieren*

1 200 g Mehl zusammen mit den Gewürzen und dem Zimt in eine mittelgroße Schüssel geben. In die Mitte des Mehls eine Mulde drücken und das Wasser hineingießen. Das Ganze mit einer Gabel mischen, bis der Teig dick, glatt und ohne Klumpen ist. Den Teig zugedeckt 2–3 Std. in den Kühlschrank stellen, ehe Sie ihn weiterverarbeiten.

2 Die Zucchini putzen und in 3 mm dicke Scheiben schneiden. Die Zucchinischeiben im restlichen Mehl wälzen und dann in den Teig tunken.

3 Das Öl erhitzen und die Zucchini portionsweise 3–5 Min. fritieren, bis sie knusprig, goldbraun und gar sind. Mit einem Schaumlöffel aus dem Öl nehmen und auf saugfähiges Küchenpapier legen. Im Ofen warmhalten, während die anderen Zucchini fritiert werden. Heiß servieren.

Fleischlos gefülltes Gemüse
YEMISTA ORPHANA

◆ ◆ ◆ ◆

Dieses Rezept stammt ursprünglich von der Insel Kreta, wo man für Füllungen hauptsächlich Reis benutzt. Die hinzugefügten Rosinen, Pinienkerne und Mandeln machen daraus eine wahrhaft kretische Kreation.

Zubereitungszeit: ungefähr 1 Std.
Garzeit: ungefähr 1 Std. 30 Min.
Ofentemperatur: 180 °C
FÜR 8–10 PERSONEN

- *8–10 feste, reife Gemüse, z. B. Tomaten, Paprikaschoten, Zucchini und Auberginen*
- *100 ml Olivenöl*
- *6 Frühlingszwiebeln, feingehackt*
- *200 g Langkornreis*
- *2 Knoblauchzehen, zerdrückt*
- *1 TL gemahlener Zimt*
- *50 g Rosinen*
- *50 g geröstete Pinienkerne*
- *Salz und frisch gemahlener schwarzer Pfeffer, nach Belieben*
- *4 EL gehackte frische Petersilie*
- *3 EL gehackte frische Minze*

32

1 Vorbereitung der Gemüse: die Tomaten, Paprikaschoten, Zucchini und Auberginen an der Spitze aufschneiden. Die Kerne und das Fleisch aus den Tomaten schneiden und in eine Schüssel geben. Das gleiche mit den Auberginen und den Zucchini tun, dabei nicht vergessen, die bitteren Kerne der Auberginen wegzuwerfen. Auch bei den Paprikaschoten die Kerne entfernen und wegwerfen. Die abgeschnittenen Spitzen der Gemüse intakt lassen, da sie als Deckel dienen, wenn die Gemüse gefüllt sind.

2 2 EL Olivenöl in einer großen Pfanne erhitzen, die Zwiebeln dazugeben. 3 Min. schmoren lassen, dann den Reis, den Knoblauch, den Zimt, die Rosinen, die gerösteten Pinienkerne und die Kerne sowie das Fruchtfleisch der Gemüse dazugeben. So viel Wasser hinzufügen, daß der Reis

bedeckt ist, und 7–10 Min. köcheln lassen, bis der Reis weich und der Großteil der Flüssigkeit absorbiert ist.

3 Die Gewürze und die Kräuter unter die Reisfüllung rühren und vom Herd nehmen. Den Ofen auf 180 °C vorheizen. Das Gemüse mit der Reismischung füllen und die Deckel auf die Gemüse legen. Die Gemüse in einer großen Auflaufform anordnen und so viel Wasser dazugießen, daß der Boden der Form bedeckt ist.

4 Das restliche Olivenöl darüberträufeln und 50–60 Min., oder bis das Gemüse weich ist, im Ofen braten. Das Gemüse während der Garzeit häufig begießen, aber nicht herumschieben, weil es sonst auseinanderbrechen könnte. Die *Yemista* können warm serviert werden, schmecken aber kalt genauso gut.

Artischockenherzen und Dicke-Bohnen-Eintopf
A N G I N A R E S   M E   K O U K I A
◆ ◆ ◆ ◆

Dieses klassische griechische Gericht erfordert ein wenig Geduld bei der Zubereitung des Gemüses und der Sauce, aber das Ergebnis lohnt die Mühe.

> *Zubereitungszeit: ungefähr 1 Std.*
> *Garzeit: ungefähr 1 Std. 30 Min.*
> **FÜR 6–8 PERSONEN**

- *frisch gepreßter Saft von 3 Zitronen*
- *600 ml Wasser*
- *8 frische Artischocken*
- *3 EL Olivenöl*
- *1 große Zwiebel, feingehackt*
- *3 Knoblauchzehen, zerdrückt*
- *900 g frische dicke Bohnen, enthülst, gewaschen und abgetropft (oder 450 g tiefgefrorene dicke Bohnen)*
- *100 g Fenchel, feingeschnitten*

- *Salz und frisch gemahlener schwarzer Pfeffer, nach Belieben*
- *½ TL Zucker*

FÜR DIE SAUCE
- *50 ml Olivenöl*
- *1 EL Mehl*
- *frisch gepreßter Saft von 1 Zitrone*
- *Salz und frisch gemahlener schwarzer Pfeffer, nach Belieben*

1 Den Saft von 2 Zitronen mit dem Wasser in eine große Schüssel geben. Vorbereitung der Artischocken: mit einer Küchenschere den Stiel auf 2,5 cm kürzen und die äußeren Blätter entfernen. Von der Spitze der Artischocke 6 cm wegschneiden. Die Blätter der Artischocke öffnen und mit einem

Teelöffel das faserige »Heu« entfernen und wegwerfen. Die vorbereitete Artischocke in das Zitronenwasser legen.

2 Das Olivenöl in einer großen, tiefen Bratpfanne erhitzen, und die Zwiebeln und den Knoblauch darin 3–4 Min. dünsten, bis sie weich sind. Die dicken Bohnen in die Pfanne geben und weitere 3–4 Min. dünsten lassen. Dann die Artischocken, den Fenchel, Salz und frisch gemahlenen schwarzen Pfeffer, Zucker und den restlichen Zitronensaft dazugeben. So viel Wasser darübergießen, daß fast alles bedeckt ist, die Hitze reduzieren und das Ganze zugedeckt 50–60 Min. köcheln lassen, bis das Gemüse weich ist. Eventuell noch etwas Wasser hinzufügen.

3 Mit einem Schaumlöffel die Artischocken und die Bohnen herausnehmen, auf eine warme Platte legen und mit Folie abdecken. Für die Sauce 3 EL Olivenöl in einem mittelgroßen Kochtopf erhitzen und das Mehl hineinrühren, bis ein dicker Brei entsteht. Den Brei 1–2 Min. köcheln lassen, bis er eine leicht goldene Farbe bekommen hat.

4 Den Zitronensaft und dann das Kochwasser des Gemüses in den Brei rühren. Bei niedriger Hitze unter ständigem Rühren weiterköcheln lassen, bis die Sauce dick ist und keine Klumpen mehr hat. Mit Salz und frisch gemahlenem schwarzen Pfeffer würzen. Die Folie von dem Gemüse nehmen und die Sauce darübergießen. Warm und mit viel Brot servieren.

Gebratene Knoblauchkartoffeln
PATATES ME SKORTHO

◆ ◆ ◆ ◆

Sie schmecken so gut, wie sie klingen. Mit Zitronensaft und Oregano gegart, werden Sie, wenn Sie sie verspeist haben, Kartoffeln niemals anders zubereiten wollen.

Zubereitungszeit: ungefähr 10 Min.
Garzeit: ungefähr 1 Std.
Ofentemperatur: 230 °C
FÜR 6–8 PERSONEN

- *900 g große Kartoffeln, geschält*
- *50 ml Olivenöl*
- *100 ml frisch gepreßter Zitronensaft*
- *2 TL getrockneter Oregano*
- *3 Knoblauchzehen, sehr fein gehackt*
- *Salz und frisch gemahlener schwarzer Pfeffer*
- *100 ml Wasser*

1 Den Ofen auf 230 °C vorheizen. Die Kartoffeln vierteln oder achteln und in eine große, flache, ofenfeste Form legen.

2 Die restlichen Zutaten hinzufügen und so verteilen, daß die Kartoffeln damit bedeckt sind. Auf der oberen Schiene ohne Deckel etwa 1 Std. backen, bis sie leicht braun, außen knusprig und innen weich sind. Während des Garens die Kartoffeln ab und zu bewegen und eventuell Wasser hinzufügen.

Spinatkroketten
KROKETES SPANAKI

◆ ◆ ◆ ◆

In diesem Rezept umhüllt man die Kroketten vor dem Fritieren mit zerbröseltem Roggenknäckebrot. Wenn es dies nicht gibt, ist Vollkornmehl ein guter Ersatz.

Zubereitungszeit: ungefähr 30 Min.
Garzeit: ungefähr 20 Min.
FÜR 6–8 PERSONEN

- *25 g Butter*
- *1 Zwiebel, feingehackt*
- *900 g frischer Spinat, grob geschnitten*
- *150 g Fetakäse, gerieben*
- *3 Eier, 2 davon getrennt*
- *Salz und frisch gemahlener schwarzer Pfeffer, nach Belieben*
- *50 g frische Weißbrotkrumen*
- *150 g Roggenknäckebrotkrumen*
- *Olivenöl zum Braten*

1 Die Butter in einer Bratpfanne zerlassen und die Zwiebeln dazugeben. Ungefähr 3 Min. dünsten, dann den Spinat hinzufügen. Weitere 5 Min., bis der Spinat weich ist, köcheln lassen, dann vom Herd nehmen.

2 Die Spinatmischung in eine mittelgroße Schüssel geben, den Käse, ein Ei und zwei Eigelb einrühren. Mit Salz und frisch gemahlenem schwarzen Pfeffer würzen und die Weißbrotkrumen hineinrühren.

3 Die Knäckebrotkrumen auf einen Teller und das Eiweiß auf einen anderen Teller geben. Mit leicht angefeuchteten Händen die Spinatmischung zu Kroketten formen. Die Kroketten in den Knäckebrotkrumen wälzen, bis sie ganz bedeckt sind, dann kurz in das Eiweiß und zum Schluß wieder in die Knäckebrotkrumen tauchen. Diesen Vorgang mit den anderen Kroketten wiederholen.

4 Öl in einer Bratpfanne erhitzen und die Kroketten portionsweise 5–8 Min., bis sie goldbraun sind, unter häufigem Wenden braten. Mit einem Schaumlöffel die Kroketten auf eine Platte mit saugfähigem Küchenpapier legen, um sie abtropfen zu lassen. Im Ofen warm halten, bis die restlichen Kroketten fertig sind. Warm oder kalt servieren.

Blumenkohl mit Tomaten und Feta überbacken
KOUNOUPITHI KAPAMA

◆ ◆ ◆ ◆

Dieses Gericht hat durch das starke Aroma der Tomaten und durch die typisch griechische Verwendung von Zimt sein ganz besonderes Aroma.

Zubereitungszeit: ungefähr 30 Min.
Garzeit: ungefähr 1 Std. 30 Min.
Ofentemperatur: 190 °C
FÜR 4–6 PERSONEN

- *100 ml Olivenöl*
- *1 Zwiebel, in Scheiben geschnitten*
- *2 Knoblauchzehen, zerdrückt*
- *8 Tomaten, entkernt und gehackt*
- *1 Prise gemahlener Zimt*
- *2 TL getrockneter Oregano*
- *Salz und frisch gemahlener schwarzer Pfeffer*
- *1 großer Blumenkohl, in Röschen geschnitten*
- *1 EL frisch gepreßter Zitronensaft*
- *100 g Fetakäse, gerieben*

1 2–3 EL Olivenöl in einer schweren Bratpfanne erhitzen und die Zwiebeln und den Knoblauch darin 3–4 Min. dünsten, bis die Zwiebeln weich sind.

2 Die gehackten Tomaten, den Zimt und den Oregano dazugeben und mit Salz und Pfeffer würzen. Umrühren und zugedeckt 5 Min. köcheln lassen.

3 Den Ofen auf 190 °C vorheizen. Den Blumenkohl zu der Tomatenmischung geben, zugedeckt weitere 10–15 Min. köcheln lassen, bis der Blumenkohl fast gar ist. Vom Herd nehmen.

4 Den Blumenkohl und die Tomatenmischung in eine große, flache Form geben und das restliche Olivenöl darüberträufeln. Den Zitronensaft und den geriebenen Feta darüberstreuen. 45–50 Min. backen, bis der Blumenkohl weich und der Käse geschmolzen ist. Warm servieren.

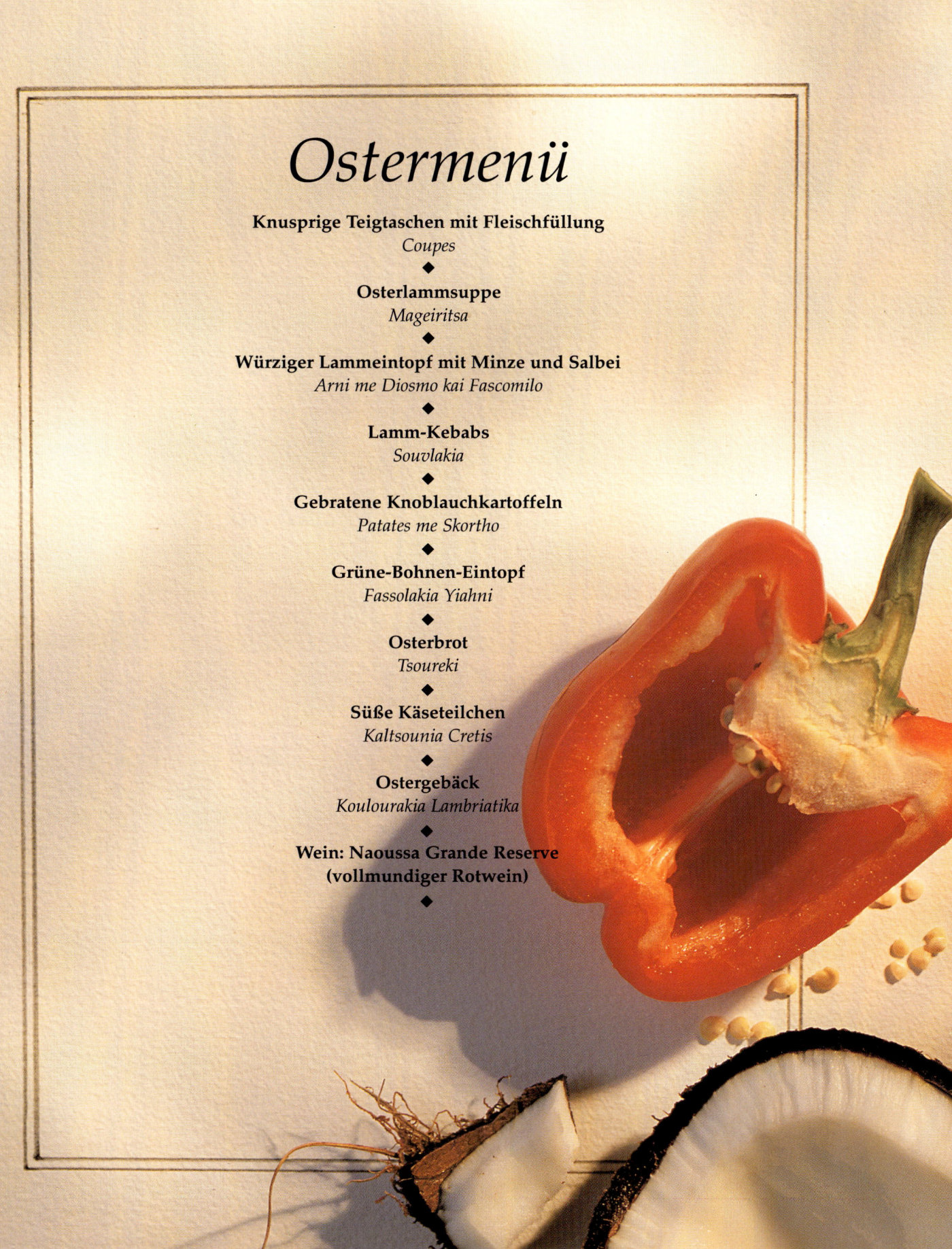

Ostermenü

Knusprige Teigtaschen mit Fleischfüllung
Coupes

◆

Osterlammsuppe
Mageiritsa

◆

Würziger Lammeintopf mit Minze und Salbei
Arni me Diosmo kai Fascomilo

◆

Lamm-Kebabs
Souvlakia

◆

Gebratene Knoblauchkartoffeln
Patates me Skortho

◆

Grüne-Bohnen-Eintopf
Fassolakia Yiahni

◆

Osterbrot
Tsoureki

◆

Süße Käseteilchen
Kaltsounia Cretis

◆

Ostergebäck
Koulourakia Lambriatika

◆

**Wein: Naoussa Grande Reserve
(vollmundiger Rotwein)**

◆

Gefüllte Weinblätter

DOLMADES

◆ ◆ ◆ ◆

Nehmen Sie nach Möglichkeit frische Weinblätter. Wählen Sie junge, zarte Blätter, die groß genug sind. Waschen und trocknen Sie sie, stutzen Sie den harten Stiel mit einer Schere. Kochen Sie die Blätter etwa 15 Min. in Salzwasser und waschen Sie sie unter kaltem Wasser ab.

Zubereitungszeit: ungefähr 45 Min.
Garzeit: ungefähr 2 Std. 30 Min.
FÜR 10–12 PERSONEN

- *30 Weinblätter aus der Lake, gut abgewaschen*
- *50 ml Olivenöl*
- *1 große Zwiebel, sehr fein gehackt*
- *100 g Langkornreis*
- *2 Knoblauchzehen, zerdrückt*
- *50 g Pinienkerne*
- *50 g Rosinen*
- *1 TL gemahlener*
- *Kreuzkümmel*
- *600 ml plus 3 EL Wasser*
- *4 EL gehackter frischer Dill*
- *4 EL gehackte frische Petersilie*
- *2 EL gehackte frische Minze*
- *Salz und frisch gemahlener schwarzer Pfeffer, nach Belieben*
- *1 verquirltes Ei*
- *Saft von 1 Zitrone*

1 Einen großen Topf mit Wasser füllen und zum Kochen bringen. Dann die Weinblätter in das Wasser geben und 3–5 Min. sprudelnd kochen, bis sie weich sind. Abgießen, gut abtropfen lassen und zur Seite stellen.

2 Zwei EL Olivenöl in einer großen Bratpfanne erhitzen und die Zwiebeln 3–5 Min. darin dünsten, bis sie weich sind.

Den Reis hinzugeben und 3–5 Min., bis er sich leicht bräunt, rösten, dabei ständig mit einem Holzlöffel rühren.

3 Knoblauch, Pinienkerne, Rosinen und Kreuzkümmel mit 300 ml Wasser dazurühren. Zugedeckt 10 Min. köcheln lassen, bis der Reis weich und die Flüssigkeit aufgesogen ist. Vom Herd nehmen und zum Abkühlen zur Seite stellen.

4 Die frischen Kräuter in die Reismischung rühren, mit Salz und frisch gemahlenem schwarzen Pfeffer würzen. 1 EL des restlichen Öls und das verquirlte Ei hineinrühren.

5 Das restliche Olivenöl mit 3 EL Wasser in einen großen Kochtopf geben. Auf den Boden des Topfes 3–4 Weinblätter legen. (Sie können dafür zerrissene oder beschädigte Blätter nehmen.) Um die restlichen Weinblätter zu füllen, 1 TL der Reismischung in die Mitte eines jeden Blattes geben und das Blatt um die Füllung falten, bis sie ganz eingepackt ist.

6 Die gefüllten Weinblätter mit der Faltstelle nach unten auf den Boden des Kochtopfes legen, den Vorgang mit den restlichen Weinblättern wiederholen, und sie dann sorgfältig übereinanderlegen. Den Zitronensaft und 300 ml Wasser dazuschütten. Während des Garens einen umgedrehten Teller auf die Dolmades legen, damit sie nicht verrutschen. Zugedeckt 2 Std. schmoren lassen, bis die Weinblätter weich sind und der Reis durch ist. Warm oder kalt servieren.

UNTEN

Von der bergigen Insel Mykonos hat man einen wunderbaren Blick auf die Insel *Delos, wo der griechischen Mythologie zufolge Apollon und Artemis geboren wurden.*

Grüne-Bohnen-Eintopf
FASSOLAKIA YIAHNI

◆ ◆ ◆ ◆

In Griechenland findet man grüne Bohnen in den verschiedensten Variationen, die alle für dieses Gericht geeignet sind. Die Griechen essen dieses Gericht normalerweise kalt, aber es kann auch warm serviert werden.

Zubereitungszeit: ungefähr 15 Min.
Garzeit: ungefähr 2 Std.
FÜR 6–8 PERSONEN

- 50 ml Olivenöl
- 2 Zwiebeln, gehackt
- 700 g frische grüne Bohnen, geputzt
- 3 mittelgroße Kartoffeln, geschält und geviertelt
- 2 Knoblauchzehen, zerdrückt
- 4 reife Tomaten, gehäutet, entkernt und grob gehackt
- 50 ml Wasser
- Salz und frisch gemahlener schwarzer Pfeffer, nach Belieben
- 100 g Fetakäse, gerieben

1 Das Öl in einem großen Kochtopf erhitzen und die Zwiebeln dazugeben. 3–4 Min. dünsten, bis sie weich, aber noch nicht braun sind. Die grünen Bohnen und die Kartoffeln dazugeben und umrühren, bis sie von allen Seiten mit dem Olivenöl bedeckt sind. Den Knoblauch unterrühren und weitere 5 Min. anbraten lassen.

2 Die Tomaten und das Wasser dazugeben. Mit Salz und frisch gemahlenem schwarzen Pfeffer würzen. Die Hitze reduzieren und zugedeckt $1^1/_2$ Std., bis die Bohnen und die Kartoffeln gar sind, köcheln lassen, eventuell etwas Wasser hinzufügen. Den geriebenen Fetakäse darüberstreuen, wenn das Gericht warm serviert wird.

RECHTS
Warum nicht in dieser schönen Taverne an der Biegung des Hafens Réthimnon ein Glas Retsina genießen?

40

Spinatkuchen
SPANAKOPITTA

◆ ◆ ◆ ◆

Pites – das griechische Wort für salzige Kuchen – sind ein willkommenes Gericht auf jedem Tisch. Gefüllt mit Spinat, Käse, Zucchini oder Fleisch und in Stücke geschnitten, ist dies eine einfache Kost für zwanglose Anlässe.

Zubereitungszeit: ungefähr 45 Min.
Garzeit: 1 Std.
Ofentemperatur: 190 °C
FÜR 8–10 PERSONEN

- *6 Lagen Blätterteig, aufgetaut, falls tiefgefroren*
- *100 g Butter, zerlassen*
- *100 ml Olivenöl*
- *1 Bund Frühlingszwiebeln, geputzt und gehackt*
- *1 Lauch, geputzt und gehackt*
- *700 g frischer Spinat, gehackt*
- *6 EL gehackter frischer Dill*
- *4 EL gehackte frische Petersilie*

- *1 verquirltes Ei*
- *350 g Fetakäse, zerbröckelt*
- *2 EL Kefalotyri- oder frischer Parmesankäse, gerieben*
- *1/2 TL geriebene Muskatnuß*
- *1/2 TL gemahlener Kreuzkümmel*
- *Salz und frisch gemahlener schwarzer Pfeffer, nach Belieben*
- *1 Eigelb mit 2 EL Milch verquirlt, zum Bestreichen*

1 Eine Lage Blätterteig auf die Arbeitsfläche legen, die restlichen mit einem feuchten Tuch abdecken. Den Teig mit zerlassener Butter bestreichen, dann eine weitere Lage Teig darauflegen. Wieder mit zerlassener Butter bestreichen und mit einer letzten Lage abdecken. Wieder mit Butter bestreichen. Damit eine 26 cm große, eingefettete Springform auslegen.

2 Den Ofen auf 190 °C vorheizen. Für die Kuchenfüllung 2 EL Olivenöl in einer großen Pfanne erhitzen und darin die Frühlingszwiebeln und den Lauch ungefähr 5 Min. dünsten, bis sie weich sind. Den Spinat dazugeben und weitere 5–7 Min. köcheln lassen, bis der Spinat zusammengefallen ist. Die Spinatmischung durch ein Sieb abgießen, um die überschüssige Flüssigkeit zu entfernen. Zum Abkühlen zur Seite stellen.

3 In einer großen Schüssel die Spinatmischung mit den Kräutern, dem verquirlten Ei, dem Käse und den Gewürzen gut vermischen. Die Mischung gleichmäßig auf dem Boden der ausgelegten Springform verteilen. Aus den restlichen Blätterteiglagen wie oben eine zweite Schicht herstellen, die als Deckel auf den Kuchen gelegt wird. Die Ränder des Teiges andrücken und überschüssigen Teig abschneiden.

4 Einen kleinen Schnitt in die Mitte des Kuchens machen und ihn dann mit der Mischung aus geschlagenem Eigelb und Milch bestreichen. Ungefähr 40–45 Min. backen, bis der Teig knusprig und goldbraun ist. Den Kuchen kurz in der Form abkühlen lassen. Dann das Gericht in Stücke schneiden, um es warm zu servieren. Es schmeckt jedoch auch kalt gut.

Gerollte Kohlblätter

LAHANODOLMADES

◆ ◆ ◆ ◆

Kohlblätter werden bei den Griechen am liebsten gefüllt. Man kann hier zwischen Fleisch- oder Reismischungen wählen, aber sie müssen immer heiß serviert werden. Man reicht griechischen Joghurt oder saure Sahne dazu.

Zubereitungszeit: ungefähr 45 Min.
Garzeit: ungefähr 3 Std.
FÜR 6–8 PERSONEN

- 1 Wirsing
- frisch gepreßter Saft von 1 Zitrone

FÜR DIE FÜLLUNG
- 6 EL Olivenöl
- 1 große Zwiebel, feingehackt
- 100 g Langkornreis
- 100 g mageres Rinder- oder Lammhackfleisch
- 2 Knoblauchzehen, zerdrückt
- 3 EL gehackter frischer Dill
- 2 EL gehackte frische Petersilie
- 1 TL gemahlener Kreuzkümmel
- 1 TL getrocknete Minze
- Salz und frisch gemahlener schwarzer Pfeffer, nach Belieben
- 150 ml Wasser

1 Mit einem scharfen Gemüsemesser den Strunk aus dem Wirsing schneiden und die Blätter vorsichtig abtrennen, möglichst ohne sie zu zerreißen. Die Blätter waschen, abtropfen lassen, in einen großen Topf mit kochendem Wasser geben und sie 2–3 Min. blanchieren. Wasser abgießen und die Blätter unter kaltem Wasser abspülen. Zur Seite stellen.

2 Für die Füllung: 2 EL Olivenöl in einer großen Pfanne erhitzen und die Zwiebel ungefähr 3 Min., bis sie weich ist, darin dünsten. Den Reis einrühren und weitere 2 Min. anbraten lassen, dann das Hackfleisch dazugeben. Weitere 5 Min. unter ständigem Rühren garen lassen, bis das Fleisch nicht mehr rosa ist. Den Knoblauch, die Kräuter und die Gewürze unterrühren und mit Salz und frisch gemahlenem schwarzen Pfeffer abschmecken. Das Wasser zu der Fleischmischung geben und zugedeckt 15–20 Min. köcheln lassen, bis das Fleisch fast durch und der Reis weich ist. Eventuell noch etwas Wasser dazugeben.

3 2 weitere EL Olivenöl in einen großen Kochtopf geben. Den Boden mit 3–4 Kohlblättern auslegen. (Sie können dafür zerrissene oder beschädigte Blätter nehmen.) Um die restlichen Kohlblätter zu füllen, 2 TL der Füllung auf den unteren Teil des Blattes geben. Die beiden Seiten des Blattes über die Füllung falten, so daß sie ganz umhüllt ist, und dann vom unteren Ende beginnend aufrollen. Vorsichtig das gerollte Blatt mit der Faltstelle nach unten auf den Boden des Kochtopfs legen. Diesen Vorgang mit den restlichen Kohlblättern wiederholen und die Rollen übereinanderlegen.

4 Soviel Wasser hinzufügen, daß die gerollten Blätter reichlich damit bedeckt sind. Das restliche Olivenöl und den Zitronensaft dazugießen. Während des Garens einen umgedrehten Teller auf die Kohlrollen legen, damit sie nicht verrutschen. Zugedeckt 2–2$^{1}/_{2}$ Std. köcheln lassen, bis die Blätter fast durchsichtig sind und die Füllung gar ist. Eventuell noch etwas Wasser hinzufügen.

RECHTS
Eine Windmühle auf Mykonos im beginnenden Herbst ... diese ägäische Insel hat so viele Kirchen wie Tage im Jahr.

Moussaka mit Auberginen

MOUSSAKA ME MELITZANES

◆ ◆ ◆ ◆

Dies ist die vegetarische Variante des klassischen griechischen Gerichts. Reis, Feta, Korinthen und Körner ergeben eine köstliche und alternative Füllung.

Zubereitungszeit: ungefähr 30 Min. plus Einweichzeit
Garzeit: ungefähr 1 Std. 30 Min.
Ofentemperatur: 190 °C

FÜR 10–12 PERSONEN

- *3–4 Auberginen*
- *Salz*
- *Olivenöl zum Braten*
- *150 g brauner Rundkornreis*
- *450 g gehackte Tomaten aus der Dose*
- *1 Zwiebel, gehackt*
- *3 EL gehackte frische Petersilie*
- *100 ml Olivenöl*
- *3 Knoblauchzehen, gehackt*
- *frisch gemahlener schwarzer Pfeffer, nach Belieben*
- *2 EL Sonnenblumenkerne*
- *25 g Pinienkerne*

- *50 g Korinthen*
- *100 g Fetakäse, gerieben*

FÜR DIE SAUCE
- *150 g Mehl*
- *100 g Butter*
- *900 ml warme Milch*
- *5 Eier plus ein Eigelb*
- *Salz und frisch gemahlener schwarzer Pfeffer, nach Belieben*
- *350 g Kefalotyri- oder Fetakäse, gerieben*

1 Die Auberginen in dünne Scheiben schneiden und in eine flache Form legen. Mit kaltem Wasser und viel Salz bedecken. 30 Min. einweichen lassen. Die Auberginenscheiben unter fließendem kaltem Wasser abspülen und mit saugfähigem Küchenpapier abtupfen. Olivenöl in einer Pfanne erhitzen und die Auberginenscheiben darin, portionsweise falls notwendig, 10-15 Min. braten, bis sie goldbraun und weich sind. Ab und zu umdrehen. Mit einem Schaumlöffel die Scheiben auf eine Platte mit saugfähigem Küchenpapier legen. Zur Seite stellen.

2 Den Reis waschen und abtropfen lassen. In kochendem Wasser 20–25 Min. garkochen. Zusammen mit den Tomaten, der Zwiebel, der Petersilie, dem Olivenöl und dem Knoblauch in die Pfanne geben und mit Salz und frisch gemahlenem schwarzen Pfeffer würzen. Unter gelegentlichem Rühren ungefähr 10 Min., bis die Flüssigkeit absorbiert ist, köcheln lassen. Vom Herd nehmen und die Körner, Nüsse, Korinthen und den Käse unterrühren. Zur Seite stellen.

3 Den Ofen auf 190 °C vorheizen. Für die Sauce: das Mehl mit der Butter in einen großen Kochtopf geben und langsam unter gelegentlichem Rühren erhitzen, bis die Butter geschmolzen und ein weicher Brei entstanden ist. Nach und nach die warme Milch dazugießen und darauf achten, daß keine Klümpchen entstehen. Die Sauce unter gelegentlichem Rühren zum Kochen bringen, bis sie eine dickflüssige Konsistenz hat. Vom Herd nehmen und die Eier, das Eigelb, Salz, frisch gemahlenen schwarzen Pfeffer und den Käse hineinrühren.

4 Die Hälfte der gebratenen Auberginen auf den Boden einer 25 x 30 cm großen flachen und ofenfesten Form schichten. Die Reismischung gleichmäßig darauf verteilen und die restlichen Auberginenscheiben darauflegen. Die dicke Käsesauce darübergeben, und die Moussaka im Ofen 35–40 Min. backen, bis die Oberfläche goldbraun ist. Langsam abkühlen lassen, dann in Portionen aufteilen und servieren.

Griechische Meze-Pilze
MANITARIA

◆ ◆ ◆ ◆

Dieses Meze-Gericht ist ganz einfach und wird mit frischen festen Pilzen und gutem Olivenöl zubereitet.

Zubereitungszeit: ungefähr 10 Min.
Garzeit: ungefähr 15 Min.
FÜR 6–8 PERSONEN

- *150 ml Olivenöl*
- *100 ml trockener Weißwein*
- *Salz und frisch gemahlener schwarzer Pfeffer, nach Belieben*
- *1 TL getrockneter Thymian*
- *3 Knoblauchzehen, zerdrückt*
- *4 EL gehackte frische Petersilie*
- *500 g kleine Champignons, geputzt*
- *frisch gepreßter Saft von 1 Zitrone*
- *gehackte frische Petersilie zum Garnieren*

1 Alle Zutaten außer den Pilzen und der Hälfte des Zitronensaftes in einen großen Kochtopf geben und zum Kochen bringen. Hitze reduzieren und die Pilze dazugeben. Zugedeckt 8–10 Min. köcheln lassen.

2 Die Pilze und die Sauce auf eine Platte geben und vollkommen abkühlen lassen. Mit dem restlichen Zitronensaft beträufeln und mit frischer Petersilie garniert bei Raumtemperatur servieren.

UNTEN
Bars und Tavernen, Ledergeschäfte und Stände drängeln sich an der Promenade im Hafen von Haniá und werben um Kundschaft. Im Frühling, außerhalb der Hauptsaison, geht es gemächlicher zu.

Auberginenragout

MELITZANES YIAHNI

◆ ◆ ◆ ◆

Dieses sehr aromatische Gericht sollte auf einer Meze-Tafel mit viel frischem Brot, Fetakäse und einem vollmundigen Rotwein gereicht werden.

Zubereitungszeit: ungefähr 20 Min. plus Ruhezeit
Garzeit: ungefähr 50–60 Min.
FÜR 4–6 PERSONEN

- *3 große Auberginen*
- *Salz*
- *100 ml Olivenöl*
- *2 Zwiebeln, halbiert und in Scheiben geschnitten*
- *4 Knoblauchzehen, zerdrückt*
- *700 g Tomaten, enthäutet, entkernt und gehackt*
- *3 EL gehackte frische Petersilie*
- *Salz und frisch gemahlener schwarzer Pfeffer, nach Belieben*

1 Die Auberginen in 5 cm dicke Stücke schneiden und in ein Sieb legen. Großzügig mit Salz bedecken und 30–45 Min. zur Seite stellen. Die Auberginen dann unter fließendem kaltem Wasser abspülen und gut abtropfen lassen.

2 Das Olivenöl in einem großen Kochtopf erhitzen und die Zwiebeln dazugeben. 3–5 Min. dünsten, bis die Zwiebeln weich sind. Dann die Auberginenstücke dazugeben. Umrühren, damit sie von allen Seiten mit Öl bedeckt werden.

3 Den Knoblauch, die Tomaten und die Petersilie in den Kochtopf geben und mit Salz und frisch gemahlenem schwarzen Pfeffer würzen. Eventuell ein wenig Wasser hinzugeben, um die Mischung anzufeuchten, dann zugedeckt 50–55 Min. köcheln lassen, bis die Auberginen weich sind und die Sauce dick geworden ist. Warm oder kalt servieren.

Gebackene gemischte Gemüse

B R I A M

◆ ◆ ◆ ◆

Dieses leichte und einfach zuzubereitende Gericht ist überall in Griechenland im Frühling und im Sommer beliebt.

Zubereitungszeit: ungefähr 10 Min.
Garzeit: ungefähr 2 Std.
Ofentemperatur: 180 °C
FÜR 6–8 PERSONEN

- *100 ml Olivenöl*
- *3 Zwiebeln, in Scheiben geschnitten*
- *700 g kleine Kartoffeln, geschält und halbiert oder in dicke Scheiben geschnitten*
- *700 g Zucchini, in 1 cm große Stücke geschnitten*
- *8 reife Tomaten, enthäutet und grob gehackt*
- *2 Paprikaschoten, entkernt und in Ringe geschnitten*
- *4 Knoblauchzehen, feingehackt*
- *1 TL getrockneter Oregano*
- *4 EL gehackte frische Petersilie*
- *2 El gehackter frischer Dill*
- *Salz und frisch gemahlener schwarzer Pfeffer, nach Belieben*
- *100 ml Wasser*

1 Den Ofen auf 180 °C vorheizen. 2 EL Olivenöl in einer Bratpfanne erhitzen und die Zwiebeln darin 3–5 Min. dünsten, bis sie weich, aber noch nicht braun sind. Vom Herd nehmen.

2 Die gebratenen Zwiebeln mit den Kartoffeln, Zucchini, Tomaten, Paprika, dem Knoblauch, den Kräutern und den Gewürzen in einen großen Bräter geben. Das Wasser dazugießen und 1¹/₂–2 Std., bis das Gemüse weich und gar ist, im Ofen schmoren. Während des Garens mehrmals wenden. Warm oder kalt servieren.

Schwarzgefleckte Bohnen mit Gemüse

LOUVIA ME LAHANA

◆ ◆ ◆ ◆

Ein typisches griechisches Gericht, das man im Frühling serviert, wenn die Winterregen vorüber sind und das Gemüse sprießt. Mangoldblätter sind das Beste für dieses Rezept, aber Spinat ist ein guter Ersatz.

Zubereitungszeit: ungefähr 30 Min.
Garzeit: ungefähr 30 Min.
FÜR 4–6 PERSONEN

- *200 g schwarzgefleckte Bohnen, über Nacht eingeweicht*
- *450 g Mangold- oder Spinatblätter*
- *Olivenöl zum Beträufeln*
- *2 EL frisch gepreßter Zitronensaft*
- *Salz und frisch gemahlener schwarzer Pfeffer*
- *gehackte frische Petersilie zum Garnieren*

1 Die Bohnen in einen mittelgroßen Kochtopf geben und mit Wasser bedecken. Das Ganze zum Kochen bringen, dann abgießen und die Bohnen abspülen.

2 Die Bohnen wieder in den Topf geben und mit frischem Wasser bedecken. Wieder zum Kochen bringen und 25–30 Min. köcheln lassen, bis die Bohnen fast weich sind. Eventuell während der Kochzeit Wasser hinzufügen, um die Bohnen bedeckt zu halten.

3 Das Gemüse zerpflücken, unter die Bohnen rühren und weitere 3–4 Min. kochen lassen, bis das Gemüse zusammengefallen ist. Abgießen, gut abtropfen lassen und auf eine Platte geben. Zitronensaft und Olivenöl darüberträufeln. Mit Salz und frisch gemahlenem schwarzen Pfeffer würzen, mit gehackter frischer Petersilie garnieren und warm servieren.

LINKS
Das Flechten der Kreuze für Palmsonntag ist zu Ostern ein traditioneller Brauch in Griechenland.

Fleischbällchen in Tomatensauce

GIOUVARLAKIA

◆ ◆ ◆ ◆

Dieses köstliche Gericht kann bereits einen Tag vorher zubereitet und im Kühlschrank aufbewahrt werden – es schmeckt aufgewärmt sogar noch besser.

Zubereitungszeit: ungefähr 30 Min.
Garzeit: ungefähr 30 Min.
FÜR 6–8 PERSONEN

- *700 g Lammhackfleisch*
- *2 Scheiben Graubrot, ohne Kruste*
- *4 EL Milch*
- *1 El Olivenöl*
- *1 Zwiebel, gehackt*
- *1 Tomate, enthäutet, entkernt und gehackt*
- *100 g Langkornreis*
- *1 EL gehackte frische Minze*
- *1 Prise gemahlener Zimt*
- *2 EL gehackte frische Petersilie*

- *1 verquirltes Ei*
- *50 ml Rotwein*
- *Salz und frisch gemahlener schwarzer Pfeffer, nach Belieben*
- *1,25 l Wasser*
- *4 EL Tomatenmark*
- *1 Knoblauchzehe, zerdrückt*
- *gehackte frische Petersilie zum Garnieren*

1 Das Hackfleisch in eine große Schüssel geben. Das Brot ohne Kruste auf einen Teller legen. Die Milch darübergießen und 10 Min., bis die Milch aufgesogen ist, einweichen lassen. Das Brot zu dem Fleisch in die Schüssel geben und beides mit den Händen gut vermischen.

2 Das Olivenöl in einem kleinen Kochtopf erhitzen und die Zwiebeln und die gehackten Tomaten darin 5 Min. dünsten. Tomanten-Zwiebel-Mischung zusammen mit dem Reis, der Minze, dem Zimt, der Petersilie, dem verquirlten Ei, dem Wein, Salz und frisch gemahlenem schwarzen Pfeffer in die Schüssel geben. Alle Zutaten gut vermischen.

3 Das Wasser in eine große, tiefe Pfanne geben und das Tomatenmark dazugeben. Den Knoblauch hinzufügen und langsam zum Kochen bringen. 5 Min. köcheln lassen.

4 Mit feuchten Händen die Fleischmischung zu runden Bällchen formen, die so groß wie ein Golfball sein sollten, und vorsichtig in die köchelnde Tomatensauce legen. Zugedeckt in der Pfanne 30 Min. köcheln lassen, bis der Reis gar und die Sauce dickflüssig ist. Mit gehackter Petersilie garnieren und servieren.

Moussaka

◆ ◆ ◆ ◆

Moussaka wird als griechisches Nationalgericht bezeichnet: geschichtete Auberginenscheiben, Zwiebeln und Lammhackfleisch werden mit einer Bechamelsauce überzogen.

Zubereitungszeit: ungefähr 1 Std.
Garzeit: ungefähr 2 Std. 30 Min.
Ofentemperatur: 180 °C

FÜR 10–12 PERSONEN

- 5 große Auberginen, geputzt und in Scheiben geschnitten
- Salz
- Olivenöl zum Bestreichen
- 100 g frische Weißbrotkrumen
- 150 g Fetakäse, gerieben

FÜR DIE BECHAMELSAUCE

- 100 g Butter
- 100 g Mehl
- 1,25 l warme Milch
- Salz und frisch gemahlener schwarzer Pfeffer, nach Belieben
- 1 große Prise gemahlene Muskatnuß
- 3 Eigelb

FÜR DIE FLEISCHSAUCE

- 2 EL Olivenöl
- 4 Zwiebeln, grob gehackt
- 1 kg mageres Lammhackfleisch
- 800 g Tomaten aus der Dose
- 3 Knoblauchzehen, zerdrückt
- $1/2$ TL gemahlener Zimt
- 1 Prise gemahlenes Piment
- Salz und frisch gemahlener schwarzer Pfeffer, nach Belieben
- 4 EL Tomatenmark
- 100 ml trockener Rotwein

1 Die Auberginenscheiben auf die Arbeitsfläche legen und gleichmäßig auf beiden Seiten mit Salz bestreuen. 30 Min. »schwitzen« lassen, dann die Scheiben gründlich unter fließendem kalten Wasser abspülen.

2 So viele Auberginenscheiben wie möglich auf das Gestell einer Grillpfanne legen und großzügig mit Olivenöl bestreichen. 5–10 Minuten grillen, die Scheiben umdrehen und wieder mit Olivenöl bestreichen, dann weiter grillen, bis sie auf beiden Seiten goldbraun sind. Zur Seite stellen und den Vorgang mit den restlichen Auberginenscheiben wiederholen.

3 Eine 28 x 38 x 7,5 cm große ofenfeste Form mit Olivenöl einfetten und die Brotkrumen darauf verteilen. Für die Bechamelsauce die Butter in einem großen Kochtopf zerlassen und das Mehl hineinrühren, damit ein dicker Brei entsteht. Den Brei 30 Sek. kochen lassen und dann vom Herd nehmen. Nach und nach die Milch unter ständigem Rühren hineingießen. Die Sauce wieder auf den Herd stellen und unter ständigem Rühren langsam zum Kochen bringen, bis sie dick ist und Blasen wirft. Vom Herd nehmen und mit Salz, frisch gemahlenem schwarzen Pfeffer und Muskatnuß würzen. Die Sauce etwas abkühlen lassen und dann das Eigelb hineinrühren. Die Sauce mit einem Stück Pergamentpapier abdecken, damit sich keine Haut bildet. Zur Seite stellen.

4 Für die Fleischsauce das Olivenöl in einem großen Kochtopf erhitzen und die Zwiebeln darin weich dünsten. Das Lammhackfleisch hinzugeben. Unter ständigem Rühren 10 Min. anbraten, bis es nicht mehr rosa ist. Die Tomaten, den Knoblauch und die Gewürze dazugeben und mit Salz und frisch gemahlenem schwarzen Pfeffer abschmecken. Das Tomatenmark einrühren und den Rotwein dazugeben.

5 Die Hitze reduzieren und die Sauce zugedeckt ungefähr 45 Min. köcheln lassen. Eventuell etwas Wasser hinzufügen. Den Deckel während der letzten 15 Min. abnehmen, damit die Flüssigkeit verdampfen kann. Die Sauce zur Seite stellen und abkühlen lassen.

6 Den Ofen auf 180 °C vorheizen. Eine Lage Auberginenscheiben auf den Boden der vorbereiteten Form legen und mit einer Lage Fleischsauce bedecken. Eine weitere Lage Auberginenscheiben und Fleischsauce darauflegen, usw.; mit einer Auberginenlage am Schluß enden. Vorsichtig die Bechamelsauce darübergießen und gleichmäßig verteilen. Den geriebenen Fetakäse darüberstreuen und im Ofen ungefähr 1 Std. backen, bis der Auflauf goldbraun ist. Warm servieren.

UNTEN
Ein für Griechenlands Landschaft typischer Blick auf die Lasithi Ebene.

Lammstücke in Blätterteig

ARNI EXOHIKO

◆ ◆ ◆ ◆

Exohiko ist das griechische Wort für Land, und dieses Gericht ist, wie der Name schon andeutet, wunderbar für ein Picknick. Da es leicht im voraus zuzubereiten ist, kann man dieses Gericht vor dem Backen einfrieren und erst bei Bedarf auftauen und im Ofen garen.

Zubereitungszeit: ungefähr 1 Std.
Garzeit: ungefähr 3 Std.
Ofentemperatur: 190 °C
FÜR 10–15 PERSONEN

- *3,5 kg Lammkeule*
- *4 Knoblauchzehen, in Scheibchen geschnitten*
- *Salz und frisch gemahlener schwarzer Pfeffer, nach Belieben*
- *2 TL getrockneter Oregano*
- *350 g Butter, zerlassen*
- *3 EL frisch gepreßter*

- *Zitronensaft*
- *2 Möhren, geschält*
- *2 Selleriestangen, geputzt*
- *1 Zwiebel, geviertelt*
- *450 g Blätterteig, aufgetaut, wenn tiefgefroren*
- *450 g frische Weißbrotkrumen*
- *200 g Fetakäse, gerieben*

UNTEN
Fein gearbeitete schmiedeeiserne Gitter sind
ein typisches Merkmal der griechischen Architektur.

1 Den Ofen auf 190 °C vorheizen. Mit einem scharfen Messer kleine Einschnitte in das Lamm machen und die Knoblauchscheibchen hineinstecken. Das Lamm in einen Bräter legen. Mit Salz, frisch gemahlenem schwarzen Pfeffer und Oregano würzen. Einen Teil der zerlassenen Butter und des Zitronensaftes darübergießen. Die Möhren, den Sellerie und die Zwiebeln in den Bräter geben und das Lamm 2–2 1/2 Std. schmoren lassen, bis das Fleisch weich ist und beim Einstechen eine klare Flüssigkeit austritt. Das Fleisch dann auf ein Brett legen und in gut 2 cm große Stücke schneiden. Die Fleischstücke abkühlen lassen.

2 Eine Lage Blätterteig nehmen und mit zerlassener Butter bestreichen. Den Rest mit einem feuchten Tuch abdecken. Die Lage einmal in der Mitte übereinanderklappen, dann wieder mit zerlassener Butter bestreichen und ein paar Brotkrumen darüberstreuen.

3 Ein paar Fleischstücke auf die eine Seite der Teiglage geben und geriebenen Fetakäse darüberstreuen. Den Teig über die Füllung falten, so daß er alles fest umschließt und dann mit der Faltstelle nach unten auf ein leicht gefettetes Backblech legen. Den Vorgang mit dem restlichen Teig und der restlichen Füllung wiederholen. Die Päckchen mit der restlichen zerlassenen Butter bestreichen und 30 Min. backen, bis der Teig knusprig und goldbraun ist.

Nudelauflauf
PASTITSIO

◆ ◆ ◆ ◆

**Der Name dieses Gerichts stammt zweifellos aus dem
Italienischen, obwohl die Methode, Nudeln mit Fleisch in
einer Kasserole zu überbacken, zweifellos griechisch ist.**

*Zubereitungszeit: ungefähr 1 Std.
Garzeit: ungefähr 2 Std.
Ofentemperatur: 180 °C*

FÜR 10–12 PERSONEN

- 6 EL Olivenöl
- 3 Zwiebeln, gehackt
- 700 g mageres
  Rinderhackfleisch
- 2 Knoblauchzehen,
  zerdrückt
- 800 g Tomaten aus der Dose
- 2 TL gemahlener Zimt
- 1 TL gemahlene Muskatnuß
- 1¹/₂ TL gemahlener Piment
- Salz und frisch gemahlener
  scharzer Pfeffer

- 700 g Spaghetti

FÜR DIE KÄSESAUCE
- 100 g Butter
- 100 g Mehl
- 1 l warme Milch
- Salz und frisch gemahlener
  schwarzer Pfeffer
- 200 g Feta- oder
  Kefalotyrikäse, gerieben
- 3 Eigelb

1 Zwei EL Olivenöl in einem großen Topf erhitzen, die
Zwiebeln dazugeben und andünsten. Das Hackfleisch in den
Kochtopf geben und unter gelegentlichem Rühren braten,
bis das Fleisch nicht mehr rosa ist.

2 Den Knoblauch, die geschnittenen Tomaten und Gewürze dazugeben und mit Salz und frisch gemahlenem schwarz-

en Pfeffer würzen. Zugedeckt 40 Min. schmoren lassen.
Eventuell während der Garzeit Wasser hinzufügen. Den
Deckel während der letzten 10 Min. abnehmen, damit die
restliche Flüssigkeit verdampfen kann. Abkühlen lassen.

3 Unterdessen in einem großen Kochtopf Wasser zum
Kochen bringen und die Spaghetti hineinlegen. 8 Min. *al
dente* kochen lassen – die Pasta darf nicht zu weich sein.
Abtropfen lassen und unter fließendem kalten Wasser ab-
spülen. Die Spaghetti in den Topf zurückgeben und 2 EL
Olivenöl daruntermischen.

4 Für die Käsesauce die Butter in einem großen Kochtopf zerlassen und das Mehl unterrühren, so daß ein dicker Brei entsteht. Den Brei 30 Sek. kochen lassen und dann vom Herd nehmen. Nach und nach die Milch unter ständigem Rühren
hineingießen, um Klumpen zu vermeiden. Die Sauce wieder
auf den Herd stellen und unter ständigem Rühren langsam
zum Kochen bringen, bis sie dick ist und Blasen wirft. Vom
Herd nehmen und mit Salz und frisch gemahlenem schwarzen
Pfeffer würzen. Den geriebenen Käse unterrühren und langsam unter ständigem Rühren zum Kochen bringen, bis die
Sauce Blasen wirft. Dann sorgfältig das Eigelb einrühren.

5 Den Ofen auf 180 °C vorheizen. Eine 28 x 38 x 7,5 cm
große ofenfeste Form mit Olivenöl einfetten und die Hälfte
der Spaghetti auf den Boden der Form geben. Die
Fleischsauce gleichmäßig über der Pasta verteilen. Dann die
restlichen Spaghetti darüberlegen. Die Käsesauce über das
Gericht verteilen und 45 Min. backen, bis es goldbraun ist.

Fleisch- und Reisbällchen in Zitronensauce

YUVERLAKIA

◆ ◆ ◆ ◆

Yuverlakia bedeutet »kleine Kugeln«; diese Gericht ist ein Zwischending zwischen einer herzhaften Suppe und einem Eintopf.

Zubereitungszeit: ungefähr 30 Min.
Garzeit: ungefähr 50 Min.
FÜR 8–10 PERSONEN

- 450 g Schweinehackfleisch
- 150 Langkornreis
- 1 große Zwiebel, feingehackt
- 2 Knoblauchzehen, zerdrückt
- 4 EL sehr fein gehackte frische Petersilie
- 2 EL gehackte frische Minze
- 1 TL getrockneter Oregano

- 1 Eigelb
- Salz und frisch gemahlener schwarzer Pfeffer, nach Belieben
- Mehl zum Bestäuben
- 3 EL Olivenöl
- 3 verquirlte Eier
- frisch gepreßter Saft von 2 Zitronen, durchgesiebt
- gehackte frische Petersilie zum Garnieren

1 In einer großen Schüssel das Schweinehackfleisch, den Reis, die Zwiebel, den Knoblauch und die Kräuter vermischen. Das Eigelb dazugeben und mit Salz und frisch gemahlenem schwarzen Pfeffer würzen. Sorgfältig alle Zutaten miteinander verkneten. Mit feuchten Händen die Mischung zu 5 cm großen Bällchen formen und mit Mehl bestäuben.

2 Das Olivenöl zusammen mit den Fleischbällchen in eine große tiefe Bratpfanne geben. So viel kochendes Wasser dazugeben, daß die Fleischbällchen gerade bedeckt sind. Zugedeckt 35–40 Min. köcheln lassen, bis das Fleisch und der Reis gar sind. Eventuell etwas Wasser hinzufügen, damit die Fleischbällchen während des Köchelns bedeckt bleiben.

3 Für die Zitronensauce die Eier mit dem Zitronensaft schaumig schlagen. 2 EL von der Kochflüssigkeit der Fleischbällchen hinzufügen und kräftig schlagen, damit nichts gerinnt. Die Bratpfanne vom Herd nehmen und die Eiermischung über die Fleischbällchen gießen. Die Pfanne wieder auf den Herd stellen und solange rühren, bis die Sauce dickflüssig ist. Die Sauce soll aber nicht kochen. Die Fleischbällchen und die Sauce auf eine warme Platte geben und mit gehackter frischer Petersilie garnieren.

Schweinefleisch mit Weizen

KISKEKI

◆ ◆ ◆ ◆

Dieses alte und einfache Gericht aus dem ländlichen Griechenland wurde früher mit Schweineschmalz zubereitet. Hier wird jedoch Olivenöl verwendet, das gesünder und leichter erhältlich ist. Weizenkörner kann man in fast allen Bioläden oder Reformhäusern bekommen.

Zubereitungszeit: ungefähr 30 Min.
Garzeit: ungefähr 4 Std.
FÜR 8–10 PERSONEN

- *50 ml Olivenöl*
- *1 kg mageres Schweinefilet, in große Stücke geschnitten*
- *Salz und frisch gemahlener schwarzer Pfeffer, nach Belieben*
- *2–3 rote Chilischoten, entkernt und feingehackt*
- *200 g Weizenkörner*
- *50 g Butter*
- *2 Zwiebeln, geschält und gehackt*
- *1 TL gemahlener Kreuzkümmel*
- *griechischer Joghurt zum Servieren*

1 Das Olivenöl in einem großen Topf erhitzen und das Schweinefilet dazugeben. Unter Wenden gleichmäßg braun werden lassen. So viel Wasser darübergießen, daß das Fleisch bedeckt ist, und langsam zum Kochen bringen. Mit Salz und frisch gemahlenem schwarzen Pfeffer würzen und die gehackten Chilischoten dazugeben. Die Hitze reduzieren und zugedeckt 2 Std. köcheln lassen, bis das Fleisch sehr weich ist.

2 Unterdessen den Weizen in einen mittelgroßen Kochtopf geben und mit reichlich Wasser übergießen, so daß die Wasseroberfläche 7 cm über dem Weizen liegt. Zum Kochen bringen, umrühren und die Hitze reduzieren. Zugedeckt ungefähr $1^1/_2$ Std. köcheln lassen, bis der Weizen weich ist. Vom Herd nehmen und abgießen.

3 Die Butter in einer Bratpfanne zerlassen und die Zwiebeln darin dünsten, bis sie weich, aber nicht braun sind. Zur Seite stellen. Das gekochte Schweinefleisch aus dem Kochsud nehmen und auf ein Brett legen. Mit zwei Gabeln das Fleisch in kleine Stücke reißen und auf einer warmen Platte mit dem Weizen anrichten. Beides miteinander vermengen und die gebratenen Zwiebeln und die Butter darübergeben. Den Kreuzkümmel darüberstreuen und mit griechischem Joghurt servieren.

Griechische Hamburger

KEPHTEDES

◆ ◆ ◆ ◆

Griechische Hamburger können warm oder kalt serviert werden, sie dürfen nur nicht zu lange gebraten werden.

Zubereitungszeit: ungefähr 30 Min.
Garzeit: ungefähr 40 Min.
FÜR 6–8 PERSONEN

- 500 g Rinderhackfleisch
- 2 Scheiben Brot, ohne Kruste
- 2 EL Milch
- 3 EL Olivenöl
- 50 g Butter
- 1 kleine Zwiebel, feingehackt
- 1 Knoblauchzehe, zerdrückt
- 1 Tomate, enthäutet und gehackt
- 1 kleine Möhre, fein geraspelt
- 4 EL gehackte frische Petersilie
- 2 EL Rotwein
- Salz und frisch gemahlener schwarzer Pfeffer, nach Belieben
- 250 g Mehl

1 Das Hackfleisch in eine Schüssel geben. Das Brot auf einem Teller mit Milch übergießen. 5 Min. ziehen lassen, bis die Milch aufgesogen ist, dann ausdrücken und zum Hackfleisch geben. Gut miteinander vermischen. Zur Seite stellen.

2 1 EL Olivenöl und 15 g Butter in einer Pfanne erhitzen, bis die Butter geschmolzen ist. Die Zwiebeln, den Knoblauch, die Möhren und die Tomaten dazugeben und 7 Min. braten, bis die Zwiebeln braun sind.

3 Das gebratene Gemüse zusammen mit der Petersilie, dem Wein, dem Salz und frisch gemahlenem schwarzen Pfeffer in die Schüssel mit dem Fleisch geben. Alles gut miteinander verkneten. 30 Min. zur Seite stellen.

4 Das Mehl gleichmäßig auf ein Backblech streuen. Mit feuchten Händen die Fleischmischung zu Burgern formen, dann im Mehl wälzen und von beiden Seiten damit bedecken. Den mit Mehl bedeckten Burger auf ein sauberes Backblech legen, das mit Pergamentpapier ausgelegt ist.

5 Das restliche Olivenöl und die Butter in einer großen Pfanne erhitzen, bis das Fett brutzelt. Die Burger auf jeder Seite 5 Min. braten. Beim Wenden sehr vorsichtig sein. Während des Bratens eventuell noch etwas Olivenöl und Butter hinzufügen. Die fertigen Burger auf eine warme Platte legen. Warm oder kalt servieren.

Würziger Lammeintopf mit Minze und Salbei

ARNI ME DIOSMO KAI FASCOMILO

◆ ◆ ◆ ◆

Dies ist ein traditionelles griechisches *Pilaw,* für das man Lamm- oder Kalbfleisch benutzen kann.

Zubereitungszeit: ungefähr 30 Min.
Garzeit: ungefähr 1 Std. 20 Min.

FÜR 6–8 PERSONEN

- 50 ml Olivenöl
- 1 kg mageres Lammfilet, in gut 2 cm große Würfel geschnitten
- 1 Zwiebel, gehackt
- 2 Möhren, gewürfelt
- 100 ml trockener Weißwein
- Salz und frisch gemahlener schwarzer Pfeffer
- 100 g geraspelte Mandeln
- 1 l Wasser
- 200 g Langkornreis
- 50 g Sultaninen
- 50 g Rosinen
- ½ TL getrockneter Salbei
- 1 TL getrocknete Minze

1 Das Öl in einem großen Kochtopf erhitzen. Das gewürfelte Fleisch hineingeben und unter häufigem Rühren braten, bis es gleichmäßig braun ist. Den Wein dazugießen und mit Salz und frisch gemahlenem schwarzen Pfeffer würzen. Zum Kochen bringen, dann zugedeckt 10 Min. köcheln lassen.

2 Unterdessen die Mandeln entweder unter einem Grill oder in einer schweren Pfanne rösten, bis sie goldbraun sind. Zur Seite stellen.

3 Das Wasser zur Fleischmischung gießen und unter gelegentlichem Rühren weitere 30 Min. köcheln lassen. Den Reis, die Sultaninen, die Rosinen, den Salbei und die Minze in den Eintopf geben. Eventuell nachwürzen. Zugedeckt weitere 30–35 Min. köcheln lassen, bis das Fleisch ganz weich ist. Eventuell noch etwas Wasser nachgießen. Die gerösteten Mandeln über den Eintopf streuen und heiß servieren.

Wurst- und Paprikaeintopf

SPETSOFAI

◆ ◆ ◆ ◆

Dies ist die Kochtopfversion eines Gerichtes, das traditionellerweise in kleinen Lehmschüsseln im Ofen gebacken wurde. Es ist eine einfache Kost, die in Griechenland auf der heimischen Tafel oder in Landgasthäusern serviert wird.

Zubereitungszeit: ungefähr 15 Min.
Garzeit: ungefähr 1 Std. 20 Min.
FÜR 6–8 PERSONEN

- 3 EL Olivenöl
- 700 g Schweinswürstchen von guter Qualität, rundum eingestochen
- 2 Zwiebeln, in Ringe geschnitten
- 5 Paprikaschoten verschiedener Farbe, entkernt und in 1 cm breite Streifen geschnitten
- 700 g Tomaten, enthäutet und in Scheiben geschnitten
- 3 Knoblauchzehen, zerdrückt
- 2 TL getrockneter Oregano
- 100 ml trockener Rotwein
- Salz und frisch gemahlener schwarzer Pfeffer, nach Belieben
- gehackter frischer Salbei zum Garnieren

1 Das Öl in einer großen Bratpfanne erhitzen und die Würstchen hineingeben. Während des Bratens mehrmals wenden, bis sie gleichmäßig braun sind. Die gebräunten Würstchen zum Abtropfen auf ein saugfähiges Küchenpapier legen.

2 Die Zwiebeln zusammen mit den Paprikaschoten in die Bratpfanne geben und 10. Min. dünsten, bis sie weich sind. Die Tomaten, den Knoblauch und den Oregano dazugeben.

3 Die Würstchen wieder in die Pfanne geben und den Wein dazugießen. Mit Salz und frisch gemahlenem schwarzen Pfeffer würzen und zugedeckt 1 Std. köcheln lassen, bis die Würstchen gar sind. Falls notwendig, noch etwas Wasser hinzufügen. Mit gehacktem frischem Salbei garnieren und servieren.

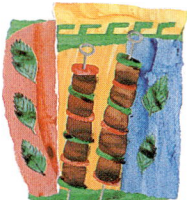

Eintopf mit Rindfleisch

SOFRITO

◆ ◆ ◆ ◆

Eine einfache und köstliche Art, Rindfleisch zu servieren. Dieses Gericht ist eine Spezialität der griechischen Insel Korfu.

Zubereitungszeit: ungefähr 10 Min.
Garzeit: ungefähr 2 Std.
FÜR 6–8 PERSONEN

- 1 kg Rindfleisch zum Schmoren, in 1 cm dicke Scheiben geschnitten
- 4 EL Mehl
- Salz und frisch gemahlener schwarzer Pfeffer
- 1 TL getrockneter Thymian
- 50 ml Olivenöl
- 6 EL Rotweinessig
- 6 El Wasser
- 2 Knoblauchzehen, zerdrückt
- 1 EL Tomatenmark
- 2 EL gehackte frische Petersilie zum Garnieren

1 Die Fleischscheiben in eine Schüssel geben und mit Mehl, Salz, schwarzem Pfeffer und Thymian bestreuen. Das Fleisch muß ganz von der Mehlmischung bedeckt sein.

2 Die Hälfte des Öls in eine Bratpfanne geben und die Hälfte des Fleischs 5 Min., oder bis es gleichmäßig braun ist, darin unter mehrmaligem Wenden anbraten. Das gebräunte Fleisch auf eine Platte legen und das restliche Öl in die Bratpfanne geben. Wenn es heiß ist, das restliche Fleisch anbraten, bis es gleichmäßig braun ist. Die erste Portion Fleisch wieder dazugeben.

3 Den Rotweinessig, das Wasser, den Knoblauch und das Tomatenmark dazugeben und umrühren. Das Ganze zum Kochen bringen und 1–1$\frac{1}{2}$ Std. schmoren lassen, bis das Fleisch weich und die Sauce dick ist. Während des Schmorens eventuell noch etwas Wasser dazugießen. Mit gehackter frischer Petersilie garnieren und servieren.

Rindfleisch- und Zwiebeleintopf

STEFADO

◆ ◆ ◆ ◆

Dieser klassische Eintopf kann auch mit Kalbfleisch zubereitet werden.

Zubereitungszeit: ungefähr 15 Min.
Garzeit: ungefähr 2 Std.
FÜR 8–10 PERSONEN

- 50 g Butter
- 1,5 kg Rindfleisch zum Schmoren, in 5 cm große Würfel geschnitten
- 300 ml trockener Rotwein
- 400 g gehackte Tomaten aus der Dose
- 4 EL Tomatenmark
- 300 ml kochendes Wasser
- 3 EL Olivenöl
- 3 Zwiebeln, gehackt
- 3 Knoblauchzehen, zerdrückt
- 1 TL gemahlener Zimt
- $^1/_2$ TL getrockneter Oregano
- Salz und frisch gemahlener schwarzer Pfeffer, nach Belieben
- 4 EL gehackte frische Petersilie zum Garnieren

1 Die Butter in einem großen schweren Bräter zerlassen und das gewürfelte Fleisch dazugeben. Mehrmals wenden, bis das Fleisch gleichmäßig braun ist.

2 Die Hälfte des Weins darübergießen und 5 Min. schmoren lassen. Die kleingeschnittenen Tomaten, das Tomatenmark und das kochende Wasser dazugeben. Zugedeckt 10 Min. schmoren lassen.

3 Unterdessen das Öl in einer Bratpfanne erhitzen und die Zwiebeln und den Knoblauch darin 5 Min. dünsten, bis sie braun sind. Zu dem Fleisch in den Bräter geben und den Zimt, den Oregano, Salz und frisch gemahlenen schwarzen Pfeffer dazugeben. Den Eintopf zugedeckt bei niedriger Hitze 1–1$^1/_2$ Std. schmoren lassen, bis das Fleisch sehr weich ist. Während des Schmorens den restlichen Wein dazugeben. Mit gehackter frischer Petersilie garnieren und servieren.

Lammkoteletts mit Käse

ARNI PALIKARI

◆ ◆ ◆ ◆

Eine ungewöhnliche, aber köstliche Kombination aus Lamm und Käse, die man in Alufolie zubereitet, um das natürliche Aroma zu erhalten.

Zubereitungszeit: ungefähr 20 Min.
Garzeit: ungefähr 2 Std.
Ofentemperatur: 180 °C
FÜR 4 PERSONEN

- *4 Lammkoteletts*
- *25 g Butter*
- *1 Zwiebel, in Ringe geschnitten*
- *2 Knoblauchzehen, zerdrückt*
- *3 Tomaten, in Scheiben geschnitten*
- *3 TL getrockneter Oregano*
- *Salz und frisch gemahlener schwarzer Pfeffer, nach Belieben*
- *100 g Kaseri- oder Gruyère-Käse, in dünne Scheiben geschnitten*

1 Die Lammkoteletts ohne zusätzliches Fett in einer Bratpfanne 3 Min. auf jeder Seite braten, bis sie gleichmäßg braun sind. 4 x 30 cm große rechteckige Stücke Alufolie ausschneiden und die Koteletts in die Mitte jedes Rechtecks legen.

2 Den Ofen auf 180 °C vorheizen. Die Butter in einer Bratpfanne zerlassen und die Zwiebeln und den Knoblauch 3 Min. darin dünsten. Mit einem Löffel die Zwiebelmischung auf den Koteletts verteilen. Dann die Tomatenscheiben darauflegen und jedes Kotelett mit Oregano bestreuen und mit Salz und frisch gemahlenem schwarzen Pfeffer würzen. Den Käse gleichmäßig auf die vier Koteletts verteilen.

3 Alle Seiten der Folie umschlagen und in der Mitte zusammendrücken, so daß die Folie die Koteletts vollständig umhüllt. Die kleinen Pakete im Ofen auf einem Backblech 1½–2 Std. garen lassen, bis das Fleisch weich ist. In der Folie servieren.

63

Lamm-Kebabs
SOUVLAKIA

◆ ◆ ◆ ◆

Diese kleinen Fleischspieße wurden traditionellerweise über Holzkohle gebraten und als Snack, Vorspeise, Hauptgericht oder zusammen mit anderen Meze-Gerichten serviert. Die Zitrone ist die geheime Zutat in diesem klassischen Gericht. Sie muß frisch gepreßt sein.

Zubereitungszeit: ungefähr 20 Min. plus Marinierzeit
Garzeit: ungefähr 10 Min.
FÜR 4–6 PERSONEN

- *3 EL Olivenöl*
- *3 EL Zitronensaft*
- *2 TL getrockneter Thymian*
- *2 Knoblauchzehen, zerdrückt*
- *frisch gemahlener schwarzer Pfeffer, nach Belieben*
- *1 kg mageres Lammfleisch, in 2,5 cm große Würfel geschnitten*
- *ungefähr 14 Lorbeerblätter*
- *Zitronenschnitze zum Servieren*

1 Für die Marinade das Olivenöl, den Zitronensaft, den Thymian, den Knoblauch und frisch gemahlenen schwarzen Pfeffer in einen Mischbecher geben. Den Deckel verschließen und alle Zutaten gut miteinander vermischen.

2 Das gewürfelte Lammfleisch in eine flache Form legen. 2 Lorbeerblätter zerkrümeln und über dem Fleisch verteilen. Die Marinade gleichmäßig über das Fleisch gießen, bis alles bedeckt ist. Zugedeckt 2 Std. in den Kühlschrank stellen.

3 Die restlichen Lorbeerblätter abwechselnd mit dem Fleisch auf vier Metallspieße stecken. Die Kebabs unter einem vorgeheizten Grill 5–10 Min. braten, bis sie gar sind. Die Kebabs während des Grillens mit der übriggebliebenen Marinade bestreichen und wenden. Mit Zitronenschnitzen servieren.

Frische Schinkenmakkaroni
HIRINO YAHNI MAKARONADA

◆ ◆ ◆ ◆

Ein einfaches griechisches Gericht mit eindeutig italienischem Einfluß.

Zubereitungszeit: ungefähr 30 Min.
Garzeit: ungefähr 3 Std.
FÜR 10–12 PERSONEN

- *100 g Butter*
- *700 g Schinken am Stück, in 5 cm große Würfel geschnitten*
- *Salz und frisch gemahlener schwarzer Pfeffer, nach Belieben*
- *1/2 TL gemahlener Zimt*
- *1 große Zwiebel, gehackt*
- *8 EL Tomatenmark*
- *1,25 l kochendes Wasser*
- *1 Zimtstange*
- *500 g Makkaroni*
- *250 g Kefalotyri- oder frischer Parmesankäse, gerieben, zum Servieren*

1 Die Hälfte der Butter in einer großen Bratpfanne zerlassen und die gewürfelten Schinkenstücke dazugeben. Mit Salz und frisch gemahlenem schwarzen Pfeffer würzen und Zimt hinzufügen. Den Schinken unter häufigem Wenden ungefähr 5 Min. braten, bis er gleichmäßig braun ist.

2 Die Hälfte der restlichen Butter in einem großen Kochtopf zerlassen und die Zwiebeln dazugeben. 5–7 Min. dünsten, bis sie goldbraun sind. Die gebräunte Fleischmischung mit dem Tomatenmark, dem kochenden Wasser und der Zimtstange zu den Zwiebeln in den Kochtopf geben. Ohne Deckel 2–2 1/2 Std. köcheln lassen, bis die Sauce leicht angedickt und das Fleisch weich ist.

3 Die Makkaroni in einem großen Kochtopf in kochendem Wasser weichkochen. Abgießen und auf eine warme Platte geben. Mit Alufolie bedecken, um sie warmzuhalten. Die restliche Butter in einer kleinen Pfanne zerlassen und 3 Min. köcheln lassen, bis sie braun wird. Über die Makkaroni geben, dann den Käse darüber verteilen. Zum Schluß die Schinkensauce gleichmäßig über die Makkaroni verteilen und servieren.

Lamm in Folie geschmort
ARNI KLEFTIKO

◆ ◆ ◆ ◆

Kleftiko **werden so lange gegart, bis sich das Fleisch von alleine vom Knochen löst. Das Geheimnis liegt im langsamen Garen in Folie, wodurch das Aroma erhalten bleibt und das Fleisch so weich wird, daß es buchstäblich im Munde zergeht. Um zwischendurch den Gaumen zu »reinigen«, wird ein großes Stück Zitrone zum Fleisch gereicht.**

Zubereitungszeit: ungefähr 10 Min.
Garzeit: 2 Std.
Ofentemperatur: 180 °C
FÜR 8 PERSONEN

- *8 Lammkoteletts*
- *4 Knoblauchzehen, in Scheibchen geschnitten*
- *50 g Butter, zerlassen*
- *3 EL Zitronensaft*
- *Salz und frisch gemahlener schwarzer Pfeffer, nach Belieben*
- *1 EL getrockneter Oregano*
- *1 EL getrocknete Minze*

1 Den Ofen auf 180 °C vorheizen. Mit einem kleinen scharfen Messer Einschnitte in die Lammkoteletts machen und die Scheibchen Knoblauch hineinstecken. Jedes Kotelett auf ein 30 cm großes rechteckiges Stück Alufolie legen.

2 Die restlichen Zutaten gleichmäßig auf den vier Lammkoteletts verteilen. Alle Seiten der Folie umklappen und in der Mitte zusammendrücken, so daß die Koteletts vollkommen eingepackt sind.

3 Die Päckchen auf ein Backblech legen und 1¹/₂–2 Stunden im Ofen schmoren, bis das Fleisch gar und ganz weich ist. Die Päckchen geschlossen servieren.

Kebabs aus Hackfleisch
KOFTA

◆ ◆ ◆ ◆

Die Zutaten für *Kofta* sind von Haus zu Haus, von Region zu Region unterschiedlich. Unser Rezept möchte Sie dazu ermutigen, Ihre eigene Variante dieses beliebten griechischen Gerichts zu finden.

Zubereitungszeit: ungefähr 15 Min.
Garzeit: ungefähr 10 Min.
FÜR 8–10 PERSONEN

- *1 kg Hackfleisch vom Lamm, Rind oder eine Mischung aus beidem*
- *2 Zwiebeln, feingehackt oder geraspelt*
- *1 TL gemahlener Zimt*
- *1 TL Paprikapulver*
- *1 TL gemahlener Kreuzkümmel*
- *1 TL gemahlener Koriander*
- *2 EL sehr fein gehackte frische Petersilie*
- *2 Knoblauchzehen, zerdrückt*
- *Olivenöl zum Einfetten*

1 Alle Zutaten in eine große Schüssel geben und gut vermischen.

2 Die Mischung wie kleine Würstchen auf verschiedene Metallspieße verteilen. Den Grillrost leicht einfetten, damit die Kebabs nicht kleben. Bei großer Hitze und unter mehrmaligem Wenden 5–10 Min. grillen, bis das Fleisch braun und gar ist. Mit frischem Pittabrot, einer Auswahl an Salaten und Zitronenschnitzen sevieren, je nach Wunsch.

KAPITEL 4

Geflügel

Gegrilltes Hähnchen mit griechischem Joghurt

◆

Knoblauchhähnchen am Spieß

◆

Oreganohähnchen

◆

Zitronenhähnchen

◆

Hähnchen mit Makkaroni

◆

Gebratene Hähnchenfrikadellen

◆

Hähnchenspieße

◆

Hähnchen mit Feta und grünen Oliven

◆

Hähnchen mit Tomaten geschmort

◆

Hähnchenflügel mit Zitronensaft und Knoblauch

◆

Hähnchen mit Kartoffeln geschmort

◆

Gebratenes Hähnchen mit Pistazien

◆

Hähnchenpastete

◆

Gebratenes Hähnchen mit Gemüse

◆

Hähnchen-Pilaw

Gegrilltes Hähnchen mit griechischem Joghurt

KOTOPOULO YIAOURTI

◆ ◆ ◆ ◆

Dieses Rezept schlägt Hähnchenschenkel vor, aber andere Teile vom Hähnchen können ebenfalls verwendet werden. Der Joghurt wird auch benutzt, um das Fleisch weicher und saftiger zu machen.

Zubereitungszeit: ungefähr 10 Min. plus Marinierzeit
Garzeit: ungefähr 20–40 Min.
FÜR 6 PERSONEN

- *6 Hähnchenschenkel*
- *3 Knoblauchzehen, zerdrückt*
- *Salz und frisch gemahlener schwarzer Pfeffer*
- *1 TL Paprikapulver*
- *1 TL gemahlener Zimt*
- *1 Prise Cayennepfeffer*
- *Saft von 1 Zitrone*
- *8 EL Olivenöl*
- *8 EL griechischer Joghurt*
- *Zitronenschnitze zum Garnieren*

1 Die Hähnchenschenkel in eine große, flache Schüssel legen. In einer mittelgroßen Schüssel den Knoblauch, Salz, den frisch gemahlenen schwarzen Pfeffer, das Paprikapulver, den Zimt, den Cayennepfeffer, den Zitronensaft, das Öl und den griechischen Joghurt miteinander vermischen.

2 Die Marinade über den Hähnchenschenkeln verteilen. Mehrmals wenden, bis sie ganz bedeckt sind. Zugedeckt im Kühlschrank 2–3 Std. oder über Nacht marinieren.

3 Die Hähnchenschenkel mit viel Salz und frisch gemahlenem schwarzen Pfeffer würzen. Die Hähnchenschenkel dann auf den eingefetteten Rost eines vorgeheizten Grills legen und 20–40 Min. unter mehrmaligem Wenden grillen, bis sie außen knusprig und goldbraun und innen gar sind. Mit Zitronenschnitzen servieren.

Knoblauchhähnchen am Spieß

KOTA ME SKORTHO

Ein praktischer Tip: Verwenden Sie Holzspieße und lassen Sie sie 30 Minuten lang in Zitronensaft ziehen. Das gibt dem Hähnchen ein wunderbares Aroma und verhindert außerdem, daß die Spieße unter dem Grill anbrennen.

Zubereitungszeit: ungefähr 20 Min. plus Marinierzeit
Garzeit: ungefähr 5–10 Min.
FÜR 6 PERSONEN

- *6 Hähnchenbrustfilets, enthäutet und ohne Knochen*
- *6 Knoblauchzehen, zerdrückt*
- *Salz und frisch gemahlener schwarzer Pfeffer, nach Belieben*
- *frisch gepreßter Saft von 2 Zitronen*
- *8 EL Olivenöl*
- *6 EL sehr fein gehackte frische Petersilie*

1 Die Hähnchenbrustfilets in 2,5 cm große Stücke schneiden und in eine flache Schüssel legen.

2 In einer kleinen Schüssel Knoblauch, Salz, frisch gemahlenen schwarzen Pfeffer, Zitronensaft und Olivenöl miteinander vermischen. Die Marinade über die Hähnchenstücke gießen, bis sie ganz bedeckt sind, und im Kühlschrank 2–4 Std. marinieren, dabei mehrmals wenden.

3 Die gehackte Petersilie auf einem Teller verteilen. Die Hähnchenstücke in sechs gleiche Portionen aufteilen und auf sechs Holzspieße stecken. Jeden Spieß in der Petersilie wenden, bis das Fleisch gleichmäßig damit bedeckt ist.

4 Die Hähnchenspieße auf einem gefetteten Rost verteilen und unter vorgeheiztem Grill 5–10 Min. grillen, bis das Fleisch goldbraun und gar ist. Die Spieße häufig wenden und während des Grillens nochmals mit der restlichen Marinade begießen, wodurch das Fleisch ein noch köstlicheres Aroma erhält.

Oreganohähnchen
KOTOPOULO RIGANATO TIS SKARAS

❉ ❉ ❉ ❉

Dieses einfache, köstliche Gericht eignet sich hervorragend für einen Grillabend im Sommer.

*Zubereitungszeit: 10 Min. plus Marinierzeit
Garzeit: ungefähr 30 Min.*
FÜR 6–8 PERSONEN

- 6–8 Hähnchenteile
- 100 ml Olivenöl
- 100 ml trockener Weißwein
- 2 EL getrockneter Oregano
- Salz und frisch gemahlener schwarzer Pfeffer, nach Belieben
- 2 Knoblauchzehen, zerdrückt

1 Die Hähnchenteile auf einer großen flachen Platte verteilen.

2 In einer kleinen Schüssel das Öl, den Wein, den Oregano, das Salz, den frisch gemahlenen schwarzen Pfeffer und den Knoblauch gut miteinander vermischen. Die Marinade über die Hähnchenteile gießen. Zugedeckt im Kühlschrank unter gelegentlichem Wenden 2–3 Std. marinieren.

3 Die Hähnchenteile auf einen gefetteten Rost legen und unter vorgeheiztem Grill 30 Min. unter gelegentlichem Wenden grillen, bis das Fleisch goldbraun und knusprig und innen gar ist. Warm oder kalt servieren.

Schnelles und einfaches Menü

Klassischer griechischer Salat
Horiatiki Salata

◆

Dip aus Kichererbsen
Hummus

◆

Gebratenes Hähnchen mit Gemüse
Kota me Ladera

◆

Kebabs aus Hackfleisch
Kofta

◆

Pittabrot

◆

Mandelgebäck
Amygthalota

◆

**Wein: Santorin
(trockener Weißwein)**

◆

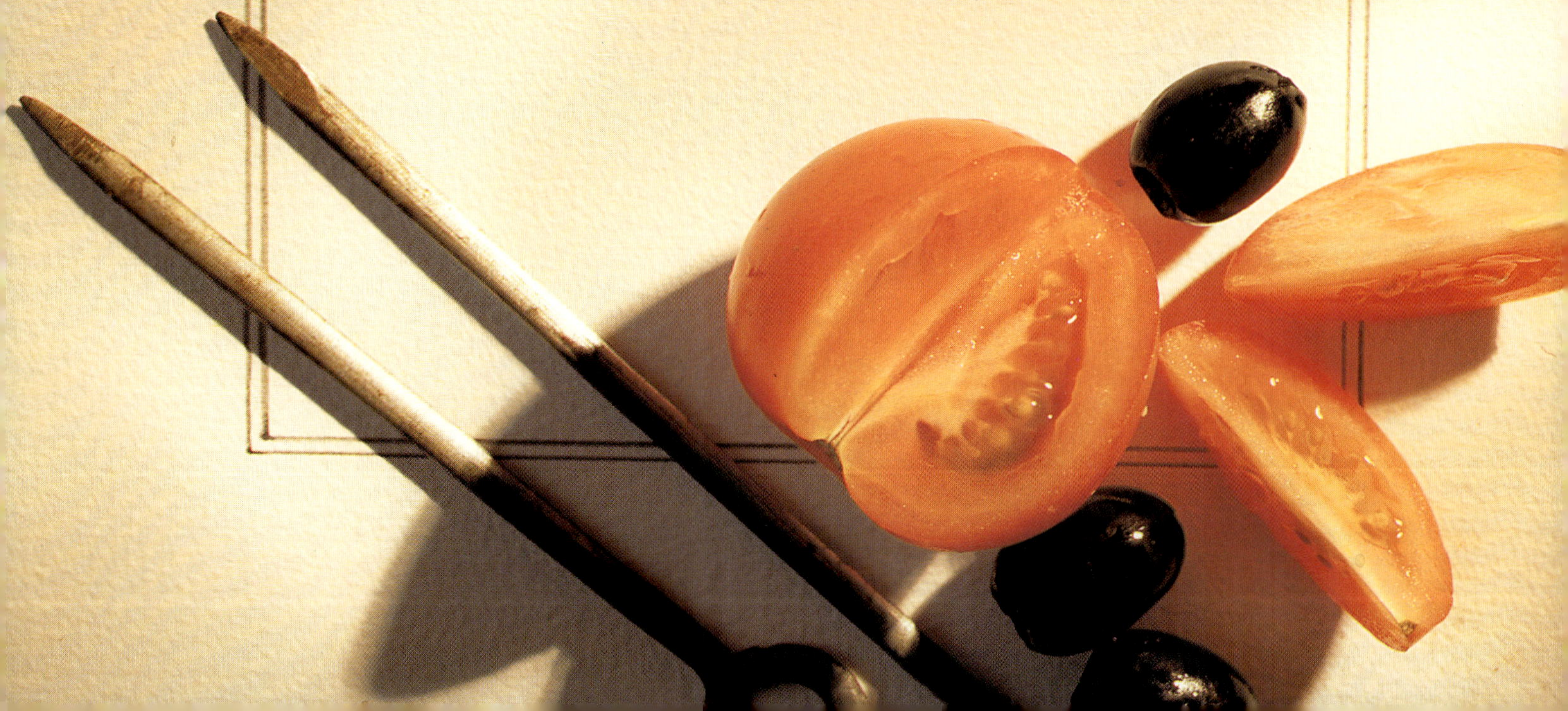

Zitronenhähnchen
KOTOPOULO ME AVGOLEMONO

Hähnchen mit Zitrone ist eine köstliche Kombination, die man in Griechenland oft findet. Zu diesem Gericht mit viel Sauce eignet sich Reis als Beilage.

Zubereitungszeit: ungefähr 20 Min.
Garzeit: ungefähr 45 Min.
FÜR 6–8 PERSONEN

- *1,5 kg Hähnchen ohne Innereien, in kleine Stücke geschnitten*
- *50 g Butter*
- *Salz und frisch gemahlener schwarzer Pfeffer, nach Belieben*
- *300 ml kochendes Wasser*
- *1 Bund Frühlingszwiebeln, geputzt und in 2,5 cm große Stücke geschnitten*
- *3 Eier*
- *3 EL frisch gepreßter Zitronensaft*
- *2 EL gehackter frischer Dill zum Garnieren*

1 Die Butter in einem großen, schweren Kochtopf zerlassen und das Hähnchen dazugeben. 5 Min. anbraten, bis es gleichmäßig braun ist. Dabei mehrmals wenden.

2 Das Hähnchen mit Salz und frisch gemahlenem schwarzen Pfeffer würzen und das kochende Wasser und die Frühlingszwiebeln dazugeben. Zugedeckt 35–40 Min. schmoren lassen, bis das Hähnchen weich und gar ist.

3 Die Eier in eine kleine Schüssel geben und gut verquirlen. Nach und nach langsam den Zitronensaft einrühren, damit nichts gerinnt. 300 ml von der Kochflüssigkeit des Hähnchens unterrühren. Dann die Eier- und Zitronenmischung über das Hähnchen gießen und solange rühren, bis die Sauce leicht angedickt ist. Nicht aufkochen lassen.

4 Das Hähnchen und die Sauce auf eine warme Platte geben, mit frischem Dill garnieren und servieren.

Hähnchen mit Makkaroni
KOTA KAPAMA

◆ ◆ ◆ ◆

Sie sollten die Sauce im voraus zubereiten und bis zum Gebrauch in den Kühlschrank stellen. Die Sauce können Sie wieder aufwärmen, während die Makkaroni kochen. So haben Sie ein schnelles, nahrhaftes Gericht für Ihre Meze-Tafel.

Zubereitungszeit: ungefähr 20 Min.
Garzeit: ungefähr 1 Std. 15 Min.
FÜR 6–8 PERSONEN

- *1 kg Hähnchenschenkel, enthäutet*
- *Salz und frisch gemahlener schwarzer Pfeffer, nach Belieben*
- *1 Prise gemahlener Zimt*
- *50 g Butter*
- *800 g gehackte Tomaten aus der Dose*
- *8 EL Tomatenmark*
- *1 TL Zucker*
- *150 ml kochendes Wasser*
- *2 Zimtstangen*
- *1 Zwiebel, geraspelt*
- *2 Knoblauchzehen, zerdrückt*
- *500 g Makkaroni*
- *250 g Kefalotyri- oder frischer Parmesankäse, gerieben*

1 Die Hähnchenschenkel auf ein Brett legen und gleichmäßig mit Salz und frisch gemahlenem schwarzen Pfeffer und Zimt bestreuen.

2 Die Hälfte der Butter in einem großen, schweren Kochtopf zerlassen und das Hähnchen von allen Seiten ungefähr 5 Min. anbraten, bis es gleichmäßig braun ist.

3 Die gehackten Tomaten, das Tomatenmark, den Zucker und das kochende Wasser zu dem Hähnchen geben. Umrühren und die Zimtstangen dazugeben. Bei niedriger Hitze 5 Min. köcheln lassen.

4 Die restliche Butter in einer großen Bratpfanne zerlassen und die Zwiebeln und den Knoblauch 3–5 Min. darin dünsten, bis sie weich sind. Die Hähnchenmischung dazugeben und die Hitze verstärken, um das Ganze zum Kochen zu bringen. Zugedeckt unter gelegentlichem Rühren 1 Std. schmoren lassen, bis das Hähnchen weich und die Sauce eingedickt ist.

5 Während der letzten 20 Min. Garzeit die Makkaroni in einem großen Kochtopf in kochendem Wasser kochen, bis sie weich sind. Unter fließendem heißen Wasser abspülen und auf eine warme Platte geben. Die Hähnchensauce über die Makkaroni geben und mit geriebenem Käse bestreuen. Sofort servieren.

Gebratene Hähnchenfrikadellen
KOTO TIGHANITO

◆ ◆ ◆ ◆

Die Hähnchenmischung in diesem Rezept kann auch wurstförmig auf Spieße gesteckt werden, um dann gegrillt als Hähnchen-*Koftas* serviert zu werden.

Zubereitungszeit: ungefähr 15 Min.
Garzeit: ungefähr 8 Min.
FÜR 6–8 PERSONEN

- *3 Hähnchenbrustfilets, enthäutet, ohne Knochen und durch den Fleischwolf gedreht*
- *50 g frische Weißbrotkrumen*
- *50 g Pinienkerne*
- *3 EL feingehackte frische Petersilie*
- *½ TL Kurkuma*
- *1 verquirltes Ei*
- *Salz und frisch gemahlener schwarzer Pfeffer, nach Belieben*
- *Mehl zum Bestäuben*
- *Olivenöl zum Braten*
- *frisch gepreßter Saft von 1 Zitrone*

1 Das Hähnchen in eine Schüssel geben und die Brotkrumen, die Pinienkerne, die Petersilie und das Kurkuma dazugeben. Alles gut vermischen.

2 Das verquirlte Ei unter die Hähnchenmischung kneten und mit Salz und frisch gemahlenem schwarzen Pfeffer würzen. Mit leicht feuchten Händen die Hähnchenmischung zu walnußgroßen Bällchen formen und auf ein Backblech mit Pergamentpapier legen.

3 Die Bällchen leicht mit Mehl bestäuben. Das Öl in einer tiefen, beschichteten Pfanne erhitzen und die Bällchen darin portionsweise 5–8 Min. unter häufigem Wenden braten, bis sie knusprig und gar sind. Die Hähnchenfrikadellen in eine ofenfeste Form legen und in den Ofen schieben, um sie warm zu halten, während die anderen Frikadellen gebraten werden. Warm oder kalt mit Zitronensaft beträufelt servieren.

74

Hähnchenspieße

SOUVLAKIA ME KOTA

• • • •

Dieses klassische griechische Gericht sollte auf der Meze-Tafel mit viel *Tzatziki* und warmem Pittabrot serviert werden.

Zubereitungszeit: ungefähr 20 Min. plus Marinierzeit
Garzeit: ungefähr 20–25 Min.
FÜR 6 PERSONEN

- *100 ml Olivenöl*
- *1 EL frisch gepreßter Zitronensaft*
- *1 EL Weinessig*
- *50 ml trockener Rotwein*
- *2 Knoblauchzehen, zerdrückt*
- *1 TL getrocknete Minze*
- *4 Hähnchenbrustfilets, enthäutet, ohne Knochen und*
- *in 2,5 cm große Würfel geschnitten*
- *200 g Hähnchenleber, in kleine Stücke geschnitten*
- *2 grüne Paprikaschoten, entkernt und in Stücke geschnitten*
- *12 mittelgroße Pilze, geputzt*
- *12 Cocktailtomaten*

1 In einer kleinen Schüssel das Öl, den Zitronensaft, den Weinessig, den Rotwein, den Knoblauch und die Minze gut miteinander vermischen.

2 Die Hähnchenbrüste und die Leber in eine flache Form legen. Die Marinade darübergießen und umrühren, bis das Fleisch von allen Seiten bedeckt ist. Zugedeckt im Kühlschrank 2–3 Stunden unter gelegentlichem Wenden marinieren.

3 Die Filets, die Leber, die Paprikaschoten, die Pilze und die Cocktailtomaten abwechselnd auf sechs Metallspieße stecken. Mit der restlichen Marinade bestreichen und auf einen gefetteten Grillrost unter den vorgeheizten Grill legen. 20–25 Min. unter mehrmaligem Wenden grillen, bis sie knusprig und gar sind.

Hähnchen mit Feta und grünen Oliven
KOTO BARTHOUNIKIOTOU

Dieses Gericht kommt aus einem kleinen Dorf namens Barthouna in der Nähe von Sparta. Es wird mit Oliven oder mit Rosinen zubereitet. Beides wichtige Produkte dieser Region.

Zubereitungszeit: ungefähr 30 Min.
Garzeit: ungefähr 40 Min.
FÜR 4 PERSONEN

- *4 Hähnchenbrustfilets*
- *Mehl zum Bestäuben*
- *Salz und frisch gemahlener schwarzer Pfeffer, nach Belieben*
- *6 EL Olivenöl*
- *350 g Perlzwiebeln (ersatzweise große geviertelte Zwiebeln)*
- *400 g gehackte Tomaten aus der Dose*
- *100 ml kochendes Wasser*
- *250 g entkernte grüne Oliven, gewaschen und abgetropft*
- *1 EL Rotweinessig*
- *100 g Fetakäse, in dünne Scheiben geschnitten*

1 Die Hähnchenbrustfilets auf ein Brett legen, auf beiden Seiten mit Mehl bestäuben und mit Salz und frisch gemahlenem schwarzen Pfeffer würzen.

2 Das Öl in einer großen, tiefen Bratpfanne erhitzen und die Hähnchenbrustfilets mit der Haut nach unten hineinlegen. Auf beiden Seiten 3–5 Min. braten, bis sie braun sind. Die Filets aus der Pfanne nehmen und zur Seite legen.

3 Die Zwiebeln in die Bratpfanne geben und 5 Min. unter gelegentlichem Rühren dünsten, bis sie weich sind. Die Hähnchenbrustfilets wieder in die Pfanne geben und die gehackten Tomaten und das kochende Wasser hinzufügen. Mit Salz und frisch gemahlenem schwarzen Pfeffer würzen und zugedeckt 25–30 Min. schmoren, bis das Hähnchen weich und gar ist. Falls notwendig, noch etwas Wasser hinzufügen.

4 In den letzten 10 Min. der Garzeit die grünen Oliven und den Rotweinessig hinzugeben. Umrühren. Eine Scheibe Fetakäse auf jede Hähnchenbrust legen und ohne Deckel weitere 10 Min. schmoren lassen, bis der Käse geschmolzen ist. Sofort servieren.

Hähnchen mit Tomaten geschmort
KOTOPOULO KOKKINISTO

Kokkinisto ist die allgemeine Bezeichnung für jedes Fleisch, das mit Tomaten geschmort wird.

Zubereitungszeit: ungefähr 15 Min.
Garzeit: ungefähr 1 Std. 15 Min.
Ofentemperatur: 190 °C
FÜR 4–6 PERSONEN

- *50 ml Olivenöl*
- *1,5 kg Hähnchen, in Stücke geschnitten*
- *Mehl zum Bestäuben*
- *2 große rote Zwiebeln, in Scheiben geschnitten*
- *800 g gehackte Tomaten aus der Dose*
- *3 Knoblauchzehen, zerdrückt*
- *Salz und frisch gemahlener schwarzer Pfeffer*
- *100 ml kochendes Wasser*
- *2 EL Rotweinessig*
- *gehackte frische Petersilie zum Garnieren*

1 Den Ofen auf 190 °C vorheizen. Das Öl in einem großen, feuerfesten Bräter erhitzen. Die Hähnchenteile auf ein Brett legen und mit Mehl bestäuben. In den Bräter legen und 5 Min. unter mehrmaligem Wenden anbraten, bis sie gleichmäßig braun sind. Mit einem Schaumlöffel die Hähnchenteile auf eine Platte legen und zur Seite stellen.

2 Die Zwiebeln in den Bräter geben und 3 Min. dünsten, bis sie weich sind. Das Hähnchen in den Bräter zurücklegen, die gehackten Tomaten und den Knoblauch hinzufügen und mit Salz und frisch gemahlenem schwarzen Pfeffer würzen. Das kochende Wasser dazugießen und im Ofen 45–55 Min. schmoren, bis das Hähnchen weich und die Sauce dick ist.

3 Während der letzten 5 Min. Garzeit den Rotweinessig und eventuell noch etwas kochendes Wasser dazugießen. Mit gehackter frischer Petersilie garnieren und servieren.

Hähnchenflügel mit Zitronensaft und Knoblauch
KOTOPOULO MARINATO

◆ ◆ ◆ ◆

Immer wenn Sie ein ganzes Hähnchen kaufen, sollten Sie die Flügel einfrieren, falls Sie sie nicht brauchen. Wenn Sie genug davon in der Tiefkühltruhe haben, dann können Sie daraus dieses köstliche, scharfe Gericht zubereiten.

Zubereitungszeit: ungefähr 10 Min. plus Marinierzeit
Garzeit: ungefähr 25 Min.
FÜR 8–12 PERSONEN

- 12 Hähnchenflügel
- 4 Knoblauchzehen, zerdrückt
- Salz und frisch gemahlener schwarzer Pfeffer, nach

Belieben
- frisch gepreßter Saft von 4 Zitronen
- 1 Prise Cayennepfeffer

1 Die Hähnchenflügel in eine flache Schüssel legen. Den Knoblauch auf den Hähnchenflügeln verreiben, dann mit Salz und frisch gemahlenem schwarzen Pfeffer würzen.

2 Den Zitronensaft und den Cayennepfeffer über die Hähnchenflügel geben und zugedeckt im Kühlschrank 3–4 Std. unter gelegentlichem Wenden marinieren.

3 Die Hähnchenflügel in eine große Bratpfanne legen und die Marinade darübergießen. Genug kaltes Wasser dazugeben, so daß die Flügel bedeckt sind, und zum Kochen bringen. Ohne Deckel 20–25 Min. schmoren lassen, bis das Hähnchen gar ist und die Sauce sich leicht reduziert hat. Warm oder sogar noch besser am nächsten Tag kalt servieren.

Hähnchen mit Kartoffeln geschmort
KOTOPOULO ME PATATES

◆ ◆ ◆ ◆

Sie können auch Hähnchenstücke ohne Knochen verwenden – das ist weniger authentisch aber genauso gut.

Zubereitungszeit: ungefähr 20 Min.
Garzeit: ungefähr 2 Std.
FÜR 4–6 PERSONEN

- 1,5 kg Hähnchen ohne Innereien, in kleine Portionsstücke zerteilt
- frisch gepreßter Saft von 1 Zitrone
- 2 EL Olivenöl
- 2 Zwiebeln, feingehackt
- 1 rote Paprikaschote, entkernt und feingehackt
- 4 große Tomaten, enthäutet, entkernt und gehackt
- 900 ml kochendes Wasser
- 1 EL Tomatenmark
- 2 Knoblauchzehen, zerdrückt
- 3 Lorbeerblätter, zerkleinert
- 4 EL gehackte frische Petersilie
- 2 mittelgroße Kartoffeln, geschält und in Stücke geschnitten
- 1 Prise Zucker
- Salz und frisch gemahlener schwarzer Pfeffer, nach Belieben
- gehackte frische Petersilie zum Garnieren

1 Die Hähnchenteile auf ein Brett legen und mit Zitronensaft beträufeln. Das Olivenöl in einem großen, schweren Kochtopf erhitzen und die Hähnchenteile darin 5–10 Min. braten, bis sie gleichmäßig braun sind. Gelegentlich wenden. Die Zwiebeln dazugeben und weitere 5 Min. dünsten, bis sie weich sind.

2 Die Paprikaschote und die Tomaten dazugeben und 3–4 Min. schmoren lassen. Das kochende Wasser in den Kochtopf geben und wieder zum Kochen bringen. Das Tomatenmark, den Knoblauch, die Lorbeerblätter, die Petersilie, die Kartoffeln und den Zucker hinzufügen und mit Salz und frisch gemahlenem schwarzen Pfeffer abschmecken. Umrühren und zugedeckt 1½ Std. schmoren lassen, bis die Hähnchenteile gar und die Kartoffeln weich sind. Vor dem Servieren mit gehackter Petersilie bestreuen.

UNTEN
Im Unterschied zu den sonnenhungrigen Touristen flüchten sich die älteren griechischen Einheimischen im Hochsommer klugerweise in den Schatten.

Gebratenes Hähnchen mit Pistazien

KOTOPOULO ME PISTACHIO

Dies ist eine Variation eines der beliebtesten griechischen Gerichte. Das Hähnchen sollte in Stücke geschnitten und auf der Meze-Tafel mit der Füllung serviert werden.

Zubereitungszeit: ungefähr 25 Min.
Garzeit: ungefähr 2 Std.
Ofentemperatur: 230 °C, später 180 °C
FÜR 6–8 PERSONEN

- *50 ml Olivenöl*
- *2 Zwiebeln, feingehackt*
- *200 g Langkornreis*
- *4 große Tomaten, enthäutet, entkernt und gehackt*
- *200 g geschälte Pistazien, grob gehackt*
- *100 g Rosinen*
- *1 Prise gemahlener Zimt*
- *Salz und frisch gemahlener schwarzer Pfeffer, nach Belieben*

- *500 ml kochendes Wasser*
- *3 EL sehr fein gehackte frische Petersilie*
- *1,5 kg Hähnchen ohne Innereien*
- *50 ml trockener Weißwein*

1 Den Ofen auf 230 °C vorheizen. Die Hälfte des Olivenöls in einer großen, schweren Bratpfanne erhitzen und die Zwiebeln darin 5 Min. dünsten, bis sie weich sind.

2 Den Reis in die Bratpfanne geben und weitere 3 Min. unter gelegentlichem Rühren rösten, bis der Reis braun wird. Die Hälfte der Tomaten, die Pistazien, die Rosinen, den Zimt, Salz, frisch gemahlenen schwarzen Pfeffer und 200 ml kochendes Wasser dazugeben. 10 Min. unter gelegentlichem Rühren schmoren, bis die Flüssigkeit fast vollständig absorbiert und der Reis fast gar ist. Vom Herd nehmen und die Petersilie unterrühren.

3 Mit einem Löffel die Reismischung in den Bauch des Hähnchens füllen, ohne es allzu vollzupacken. Das Hähn-chen in ein tiefes Backblech legen und die restliche Reis-mischung darum verteilen. Das Hähnchen mit Salz und frisch gemahlenem schwarzen Pfeffer würzen.

4 Die restlichen gehackten Tomaten um das Hähnchen ver-teilen und 300 ml kochendes Wasser und den Wein in die Form gießen. Die Ofentemperatur auf 180 °C senken. Auf diese Weise wird die Haut des Hähnchens knusprig, während der Ofen die niedrigere Temperatur erreicht. Das restliche Öl über das Hähnchen gießen und 1¹/₂ Std. braten, bis das Hähnchen gar und der Reis weich ist. Das Hähnchen sollte während der Garzeit mehrmals begossen werden. Eventuell etwas Wasser nachgießen. Das Hähnchen nach dem Braten 10 Min. ruhen lassen, bevor es in Portionsstücke geschnitten und mit der Füllung serviert wird.

Hähnchenpastete
KOTOPITTA

Diese Pastete ist wunderbar für ein Sommerfest im Freien geeignet. Sie schmeckt warm und kalt köstlich, ist einfach zuzubereiten und sieht immer sehr dekorativ aus.

Zubereitungszeit: ungefähr 45 Min.
Garzeit: ungefähr 50 Min.
Ofentemperatur: 180 °C
FÜR 8–10 PERSONEN

- *100 ml Olivenöl*
- *6 Lagen Blätterteig, auf-getaut, falls tiefgefroren*
- *2 Hähnchenbrüste, enthäu-tet, ohne Knochen und in kleine Stücke geschnitten*
- *1 Bund Frühlingszwiebeln, gehackt*
- *3 EL gehackter frischer Dill*
- *2 Selleriestangen, feinge-hackt*
- *Salz und frisch gemahlener schwarzer Pfeffer, nach Belieben*
- *2 TL getrockneter Thymian*
- *1 TL getrocknete Minze*
- *¹/₂ TL getrockneter Majoran*
- *¹/₂ TL getrockneter Estragon*
- *150 g Fetakäse, zerbröckelt*
- *2 EL geriebener Kefalotyri- oder frischer Parmesankäse*
- *2 leicht verquirlte Eier*
- *¹/₂ TL Ouzo (nach Wunsch)*
- *1 verquirltes Eigelb zum Bestreichen*

1 Den Ofen auf 180 °C vorheizen. Eine 25 cm große Pastetenform mit etwas Olivenöl einfetten. Den Blätterteig auf die Arbeitsfläche legen und mit einem feuchten Tuch bedecken, damit er nicht austrocknet.

2 Die Hähnchenstücke zusammen mit den Frühlings-zwiebeln, dem Dill, dem Sellerie, dem Salz, dem frisch gemahlenen schwarzen Pfeffer und den Kräutern in eine große Schüssel geben. Den zerkrümelten Fetakäse und den geriebenen Käse darüberstreuen und alles gut vermischen. Die verquirlten Eier, den Ouzo (nach Wunsch) und 2 EL Olivenöl dazugeben und vermischen.

3 Eine Lage Blätterteig nehmen und sie auf die Arbeits-fläche legen. Die restlichen Lagen bleiben unter dem feuch-ten Tuch. Die Lage mit etwas Olivenöl bestreichen und dann eine weitere Lage darauflegen. Wieder mit Öl bestreichen und die dritte Lage darüberlegen. Wieder mit Olivenöl bestreichen und die gefetteten Lagen auf den Boden der Form legen. Überschüssiger Teig kann über den Rändern der Form liegenbleiben.

4 Mit einem Löffel die Hähnchenmischung auf die ausge-legte Form geben und gleichmäßig verteilen. Den oben beschriebenen Vorgang mit den restlichen Blätterteiglagen wiederholen und sie auf die Hähnchenfüllung legen.

5 Die Ränder des Teiges zusammendrücken, um die Füllung fest zu verschließen. Oben auf der Pastete ein paar Einschnitte machen, damit der Dampf während der Garzeit entweichen kann. Mit dem verquirlten Eigelb bestreichen und 45–50 Min. backen, bis die Pastete knusprig und das Hähnchen gar ist. Warm oder kalt in Stücke geschnitten ser-vieren.

Gebratenes Hähnchen mit Gemüse

KOTA ME LADERA

✦ ✦ ✦ ✦

Das Gemüse für dieses Rezept können Sie frei wählen, aber behalten Sie dabei im Kopf, daß das Gemüse um so weniger Zeit zum Kochen braucht, je weicher es ist. Sie müssen die Garzeit dem Gemüse entsprechend angleichen.

Zubereitungszeit: ungefähr 15 Min.
Garzeit: ungefähr 2 Std.
Ofentemperatur: 230 °C, später 180 °C
FÜR 6–8 PERSONEN

- *6–8 Portionsstücke Hähnchen*
- *100 ml Olivenöl*
- *Salz und frisch gemahlener schwarzer Pfeffer, nach Belieben*
- *frisch gepreßter Saft von 2 Zitronen*
- *2 TL getrockneter Thymian*
- *½ TL getrockneter Majoran*
- *3 Knoblauchzehen, feinge-hackt*

- *2 große Kartoffeln, geschält und längs in Scheiben geschnitten*
- *3 Möhren, in große Stücke geschnitten*
- *1 rote Parikaschote, entkernt und geviertelt*
- *1 grüne Paprikaschote, entkernt und geviertelt*
- *6-8 Champignons, geputzt*
- *3 mittelgroße Zucchini, in große Stücke geschnitten*

1 Den Ofen auf 230 °C vorheizen. Die Hähnchenteile auf ein tiefes Backblech legen und mit 2 EL Olivenöl bestreichen. Mit Salz und frisch gemahlenem schwarzen Pfeffer würzen.

2 In einer kleinen Schüssel das restliche Olivenöl, den Zitronensaft, den Thymian, den Majoran, den Knoblauch und etwas frisch gemahlenen schwarzen Pfeffer gut mitein-ander vermischen. Die Hähnchenteile gleichmäßig damit bestreichen.

3 Das Gemüse um das Fleisch herum in der Form verteilen und mit Salz und frisch gemahlenem schwarzen Pfeffer wür-zen. Die Ofentemperatur auf 180 °C reduzieren: die Haut des Hähnchens wird knusprig, bevor sich die Temperatur gesenkt hat. Das kochende Wasser in die Form geben und das Ganze etwa 2 Std. braten, bis das Hähnchen gar und das Gemüse weich und außen knusprig ist. Während der Garzeit das Hähnchen und das Gemüse häufig begießen. Warm servieren.

UNTEN

Es ist Frühsommer, und ein Mohnfeld wird zum Farbtupfer in der ausge-trockneten Ebene von Lesithi.

Hähnchen-Pilaw
KOTOPOULO PILAFI

Die klassische griechische Art, Gerichten mit Reis und Nudeln den letzten Pfiff zu geben, ist, etwas Butter in einer kleinen Pfanne braun werden zu lassen und sie kurz vor dem Servieren darüberzugießen. In diesem Rezept ist dies nicht unbedingt nötig, und falls Sie Sorgen haben, zuviel Fett zu sich zu nehmen, lassen Sie die Butter weg.

Zubereitungszeit: ungefähr 10 Min.
Garzeit: ungefähr 45 Min.
FÜR 6–8 PERSONEN

- *100 g Butter*
- *1 kg Hähnchenbrust, enthäutet, ohne Knochen und in mundgerechte Stücke geschnitten*
- *Salz und frisch gemahlener schwarzer Pfeffer, nach Belieben*
- *1 Prise gemahlener Zimt*
- *1 Prise Piment*
- *2 Zwiebeln, gehackt*
- *3 EL Tomatenmark*
- *600 ml kochendes Wasser*
- *200 g Langkornreis*
- *50 g Butter*
- *gehackte frische Minze zum Garnieren*

1 Die Butter in einem großen, schweren Kochtopf zerlassen und die Hähnchenteile darin 5–10 Min. unter häufigem Wenden braten, bis sie leicht gebräunt sind. Salz und frisch gemahlenen schwarzen Pfeffer, den Zimt und das Piment dazugeben und gut umrühren.

2 Die Zwiebeln in den Kochtopf geben und dünsten, bis sie weich sind. Das Tomatenmark und das kochende Wasser dazugeben. Zugedeckt 20 Min. köcheln lassen, dann den Reis dazugeben. Zugedeckt weitere 20–25 Min. schmoren lassen, bis das Hähnchen gar und der Reis weich ist.

3 Den Deckel während der letzten 10 Min. abnehmen, damit die Flüssigkeit verdampfen kann. Die Butter in einer kleinen Pfanne zerlassen und braun werden lassen. Das Pilaw auf eine warme Platte geben und die braune Butter darübergießen. Mit gehackter frischer Minze bestreuen und servieren.

Fisch und Meeresfrüchte

Fischfilets mit Feta und Tomaten

FETES PSARI ME FETA KAI DOMATES

❖ ❖ ❖ ❖

Die Griechen haben große Hochachtung vor dem Meer und seinen Bewohnern, und es ist nicht ihre Art, einen Fisch in einer stark gewürzten Sauce zu ertränken oder ihn ewig lang zu kochen. Sie essen Fisch so frisch wie möglich und so kurz gegart wie möglich, damit das feine Aroma und die Konsistenz des Fleisches erhalten bleiben.

Zubereitungszeit: ungefähr 10 Min.
Garzeit: ungefähr 5–10 Min.
FÜR 6–8 PERSONEN

- *1 kg Flunderfilet, enthäutet*
- *Olivenöl zum Einfetten*
- *1 große Zwiebel, geraspelt*
- *Salz und frisch gemahlener schwarzer Pfeffer, nach Belieben*
- *4 Tomaten, enthäutet, entkernt und gehackt*
- *100 g Butter, zerlassen*
- *150 g Fetakäse, zerbröckelt*
- *gehackte frische Petersilie zum Garnieren*

1 Die Fischfilets in eine gefettete große, flache, feuerfeste Form legen.

2 Die Zwiebeln über den Fischfilets verteilen und mit Salz und frisch gemahlenem schwarzen Pfeffer würzen. Die gehackten Tomaten über den Zwiebeln und dem Fisch verteilen.

3 Die Hälfte der zerlassenen Butter über die Fischfilets gießen und die Form 5–7 Min. in den vorgeheizten Grill stellen. Die restliche Butter darübergießen und den Fetakäse darüberstreuen. Weitere 3–5 Min. grillen, bis der Fisch gar ist. Mit der gehackten frischen Petersilie bestreuen und servieren.

OBEN
Rote Meeräschen, Hähnchenkebabs, Tintenfische, Mittelmeer-Garnelen und Schnapper verlocken die Passanten an einem Stand im Hafen von Réthimnon.

Gebratene Meeresfrüchte
OSTRAKA

◆ ◆ ◆ ◆

Dieses einfache, aber köstliche Meze-Gericht sollte mit viel Zitrone serviert werden.

Zubereitungszeit: ungefähr 10 Min.
Garzeit: ungefähr 5–10 Min.
FÜR 8–10 PERSONEN

- 1 kg verschiedene Meeresfrüchte (zum Beispiel geschälte Garnelen, in Scheiben geschnittener Tintenfisch, weiße Fischfilets in Stücke geschnitten oder Sprotten)
- Mehl zum Bestäuben
- Salz und frisch gemahlener schwarzer Pfeffer
- Olivenöl zum Braten
- frisch gepreßter Saft von 1 Zitrone
- Zitronenschnitze zum Servieren

1 Die vorbereiteten Meeresfrüchte in eine große Schüssel geben und so viel Mehl darüber verteilen, daß die Meeresfrüchte von einer gleichmäßigen dünnen Schicht bedeckt sind. Überschüssiges Mehl vorsichtig abschütteln.

2 Den mit Mehl bestäubten Fisch mit Salz und frisch gemahlenem schwarzen Pfeffer würzen. Reichlich Öl in einer tiefen Bratpfanne erhitzen und die Meeresfrüchte portionsweise 5–7 Min. braten, bis sie goldbraun und gar sind. Mit einem Schaumlöffel zum Abtropfen auf einen Teller mit saugfähigem Küchenpapier legen.

3 Die gebratenen Meeresfrüchte mit Zitronensaft beträufeln und warm mit zusätzlichen Zitronenschnitzen servieren.

Fisch in Wein geschmort
PSARI PLAKI

◆ ◆ ◆ ◆

Plaki **ist das griechische Wort für die Kochweise, die in diesem Rezept angewandt wird. Sie kann auch bei Gerichten mit Bohnen und Gemüse benutzt werden.**

Zubereitungszeit: ungefähr 15 Min.
Garzeit: ungefähr 55 Min.
Ofentemperatur: 180 °C
FÜR 8–10 PERSONEN

- 100 ml Olivenöl
- 2 große Zwiebeln, in Ringe geschnitten
- 4 Selleriestangen, grob gehackt
- 4 Frühlingszwiebeln, gehackt
- 4 EL gehackte frische Petersilie
- 4 Tomaten, in Scheiben geschnitten
- 3 Knoblauchzehen, zerdrückt
- 1 kg Seebarschfilet, enthäutet
- 2 TL getrockneter Oregano
- Salz und frisch gemahlener schwarzer Pfeffer, nach Belieben
- 2 Zitronen, in dünne Scheiben geschnitten
- 300 ml trockener Weißwein
- 3 EL frisch gepreßter Zitronensaft
- 50 g frische Weißbrotkrumen
- gehackte frische Petersilie zum Garnieren

1 Den Ofen auf 180 °C vorheizen. Bis auf 2 EL das ganze Olivenöl in einer Bratpfanne erhitzen und die Zwiebeln darin 3 Min. dünsten, bis sie weich sind. Den Sellerie, die Frühlingszwiebeln, die Petersilie, die Tomaten und den Knoblauch dazugeben. Vorsichtig umrühren und weitere 5 Min. köcheln lassen.

2 Eine große flache, ofenfeste Form mit dem restlichen Öl einfetten und die Fischfilets darin verteilen. Oregano über den Fisch streuen und mit Salz und frisch gemahlenem schwarzen Pfeffer würzen. Mit einem Löffel die Zwiebelmischung gleichmäßig über den Fisch verteilen und die Zitronenscheiben darauflegen.

3 Den Wein und den Zitronensaft darübergießen und mit den Brotkrumen bestreuen. Ohne Deckel ungefähr 45 Min. backen, bis der Fisch goldbraun ist. Mit gehackter frischer Petersilie bestreuen und servieren.

Fritierter Tintenfisch
KALAMARIA TIGANITA

◆ ◆ ◆ ◆

Dies ist ein sehr bekanntes, klassisches und besonders im Sommer beliebtes Meze-Gericht.

Zubereitungszeit: ungefähr 20 Min.
Garzeit: ungefähr 5–10 Min.
FÜR 8–10 PERSONEN

- *1 kg kleine frische Tintenfische (Kalmar), geputzt und in 1 cm breite Ringe geschnitten*
- *Mehl zum Bestäuben*
- *Salz und frisch gemahlener*
- *schwarzer Pfeffer, nach Belieben*
- *Pflanzenöl zum Fritieren*
- *Zitronenschnitze zum Servieren*

1 Den Tintenfisch in eine große Schüssel legen. Soviel Mehl darüber streuen, daß die Tintenfischringe leicht und gleichmäßig bedeckt sind. Mit Salz und frisch gemahlenem schwarzen Pfeffer würzen und leicht schütteln.

2 Das Öl erhitzen und den Tintenfisch portionsweise 3–5 Min. fritieren, bis er knusprig und goldbraun ist. Mit einem Schaumlöffel auf einen Teller mit saugfähigem Küchenpapier legen. Mit Zitronenschnitzen servieren.

Garnelen überbacken

GARIDES ME SALTSA

◆ ◆ ◆ ◆

Dieses Gericht ist weitaus besser, wenn man während des Garens kein zusätzliches Salz hinzufügt, da sonst das feine Garnelenfleisch leicht zäh wird. Wenn Sie der Ansicht sind, daß das Salz des Fetakäses nicht ausreicht, dann geben Sie bei Tisch noch etwas hinzu.

Zubereitungszeit: ungefähr 10 Min.
Garzeit: ungefähr 45 Min.
Ofentemperatur: 220 °C
FÜR 6–8 PERSONEN

- 3 EL Olivenöl
- 2 große Zwiebeln, gerieben
- 2 Knoblauchzehen, zerdrückt
- 3 EL gehackte frische Petersilie
- 1 EL gehackter frischer Dill
- 1 Prise Senfpulver
- 1 Prise Zucker
- 400 g gehackte Tomaten aus der Dose
- 1 EL Tomatenmark
- 500 g frische Garnelen, geschält und ohne Darm
- 250 g Fetakäse, zerbröckelt
- gehackter frischer Dill zum Garnieren

1 Das Olivenöl in einem großen Kochtopf erhitzen und die Zwiebeln darin ungefähr 5 Min. dünsten, bis sie weich sind und anfangen, braun zu werden. Den Knoblauch, die gehackten frischen Kräuter, das Senfpulver, den Zucker, die gehackten Tomaten und das Tomatenmark dazugeben. Die Mischung ohne Deckel ungefähr 30 Min. köcheln lassen, bis die Sauce sich reduziert hat und dickflüssig geworden ist. Unterdessen den Ofen auf 220 °C vorheizen.

2 Die Garnelen in die Sauce geben und umrühren. Weitere 3–5 Min. köcheln lassen, bis die Garnelen rosa und gar sind.

3 Die Mischung in eine ofenfeste Form geben und den zerbröselten Fetakäse darüberstreuen. 5–10 Min. backen, bis der Käse geschmolzen ist. Sofort mit gehacktem frischem Dill servieren.

Fritierter Kabeljaurogen

TARAMA KEFTEDES

◆ ◆ ◆ ◆

Außerhalb von Griechenland denken wir bei geräuchertem Kabeljaurogen sofort an *Taramosalata*. Dabei wird er auch für viele andere Meze-Gerichte benutzt, zum Beispiel dieses hier.

Zubereitungszeit: ungefähr 20 Min. plus Zeit zum Kaltstellen
Garzeit: ungefähr 5–10 Min.
FÜR 8–10 PERSONEN

- *500 g geräucherter Kabeljaurogen*
- *1 Zwiebel, gehackt*
- *50 g frische Weißbrotkrumen*
- *2 EL frisch gepreßter Zitronensaft*
- *3 Knoblauchzehen, zerdrückt*
- *frisch gemahlener schwarzer Pfeffer, nach Belieben*
- *5 EL gehackte frische Petersilie*
- *2 Eiweiß, leicht geschlagen*
- *Mehl zum Bestäuben*
- *Olivenöl zum Fritieren*
- *Zitronenscheiben zum Servieren*

1 Die Membran von dem Kabeljaurogen entfernen und wegwerfen. Den Rogen zusammen mit den Brotkrumen, dem Zitronensaft, dem Knoblauch, dem frisch gemahlenen schwarzen Pfeffer und der Petersilie in eine Küchenmaschine oder einen Mixer geben. Pürieren, bis eine weiche Masse entsteht. Etwas von dem Eiweiß dazugeben, um die Paste noch geschmeidiger zu machen. Die Mischung in eine mittelgroße Schüssel geben. Zugedeckt mindestens 2 Stunden kühlstellen.

2 Mit feuchten Händen die Rogenmischung zu kleinen, walnußgroßen Bällchen formen. Das Mehl auf einen Teller streuen und die Bällchen darin wälzen, bis sie rundum bedeckt sind.

3 Das Öl erhitzen und die Bällchen darin portionsweise 5–8 Min. fritieren, bis sie außen knusprig und innen gar sind. Mit einem Schaumlöffel auf einen Teller mit saugfähigem Küchenpapier legen. Warm oder kalt mit Zitronenscheiben servieren.

Rote Meeräschen mit Knoblauch

BARBOUNI ME SKORTHO

◆ ◆ ◆ ◆

Die kleinen roten Meeräschen sind am besten für die Meze-Tafel geeignet; wenn Sie keine finden können, nehmen Sie eine große Meeräsche und schneiden sie klein.

Zubereitungszeit: ungefähr 10 Min.
Garzeit: ungefähr 5–10 Min.
FÜR 6 PERSONEN

- *6 EL sehr fein gehackte frische Petersilie*
- *6 Knoblauchzehen, zerdrückt*
- *Salz und frisch gemahlener schwarzer Pfeffer, nach Belieben*
- *6 kleine rote Meeräschen,*
- *ausgenommen und gewaschen*
- *Mehl zum Bestäuben*
- *Olivenöl zum Braten*
- *gehackte frische Petersilie zum Garnieren*
- *Zitronenschnitze zum Servieren*

1 In einer kleinen Schüssel die Petersilie mit dem Knoblauch vermischen und mit Salz und frisch gemahlenem schwarzen Pfeffer würzen. 1 TL der Knoblauchmischung ins Innere des Fisches geben und mit der restlichen Mischung das Äußere gleichmäßig einreiben. Den Fisch von allen Seiten leicht mit Mehl bestäuben.

2 Reichlich Öl in einer tiefen Bratpfanne erhitzen und darin den Fisch – nie mehr als zwei auf einmal – 5–7 Min. braten, bis er außen knusprig und innen gar ist. Mit einem Schaumlöffel auf einen Teller mit saugfähigem Küchenpapier legen. Mit Petersilie bestreuen und mit Zitronenschnitzen servieren.

Fisch und Gemüse geschmort

PSARI YIAHNI ME LAHANO

◆ ◆ ◆ ◆

Kabeljau, Schellfisch oder Seeteufel sind die richtigen Fischsorten für dieses Gericht, das von der griechischen Insel Korfu stammt. Die wichtigste Zutat ist Knoblauch, von dem man sehr viel nimmt.

Zubereitungszeit: ungefähr 15 Min.
Garzeit: ungefähr 40 Min.
FÜR 8–10 PERSONEN

- *100 ml Olivenöl*
- *1 große Zwiebel, in Scheiben geschnitten*
- *1 kg kleine neue Kartoffeln, gewaschen und in 1 cm breite Scheiben geschnitten*
- *2 Möhren, in 2,5 cm große Stücke geschnitten*
- *1 Selleriestange, gehackt*
- *Salz und frisch gemahlener*
- *schwarzer Pfeffer, nach Belieben*
- *6 Knoblauchzehen, zerdrückt*
- *1 kg festes weißes Fischfilet, enthäutet und in 5 cm große Stücke geschnitten*
- *50 ml frisch gepreßter Zitronensaft*

1 50 ml des Olivenöls in einem großen, schweren Kochtopf erhitzen und die Zwiebeln darin ungefähr 3 Min. dünsten, bis sie weich sind.

2 Die Kartoffeln, die Möhren und den Sellerie dazugeben und mit Salz und frisch gemahlenem schwarzen Pfeffer würzen. Weitere 4–5 Min. dünsten, bis das Gemüse beginnt, weich zu werden.

3 Den Knoblauch unterrühren und soviel kochendes Wasser dazugießen, daß das Gemüse bedeckt ist. Zum Kochen bringen und zugedeckt 10–15 Min. köcheln lassen, bis das Gemüse fast ganz weich ist.

4 Vorsichtig den Fisch zu dem Gemüse geben und zugedeckt 10–15 Min köcheln lassen, bis das Fleisch sich leicht zerteilen läßt. Eventuell etwas Wasser nachgießen. Kurz vor Ende der Garzeit den Deckel abnehmen und den Zitronensaft und das restliche Olivenöl unterrühren. Eventuell noch etwas nachwürzen und servieren.

Gefüllte Fischfilets mit Ei-Zitronen-Sauce

FETES PSARI GEMISTES AVGOLEMONO

◆ ◆ ◆ ◆

Dies ist ein Gericht für besondere Anlässe. Die Zubereitung dauert etwas länger, doch der Aufwand lohnt sich, da es wunderbar schmeckt und schön aussieht.

Zubereitungszeit: ungefähr 45 Min.
Garzeit: ungefähr 40 Min.
Ofentemperatur: 180 °C
FÜR 6–8 PERSONEN

- *50 g Butter*
- *2 Knoblauchzehen, zerdrückt*
- *1 Zwiebel, sehr fein gehackt*
- *1/2 grüne Paprikaschote, entkernt und sehr fein gehackt*
- *150 g gekochte geschälte Garnelen, in grobe Stücke geschnitten*
- *50 g frische Weißbrotkrumen*
- *1 EL gehackte frische Petersilie*

- *Salz und frisch gemahlener schwarzer Pfeffer, nach Belieben*
- *4 Flunder- oder Seezungenfilets, gehäutet*
- *3 Eier*
- *6 EL frisch gepreßter Zitronensaft*
- *300 ml warmer Fischfond*
- *gehackte frische Petersilie zum Garnieren*

UNTEN
Fische in allen Regenbogenfarben im Hafen von Heraklion.

1 Den Ofen auf 180 °C vorheizen. 25 g der Butter in einer großen Bratpfanne zerlassen und den Knoblauch, die Zwiebeln und den grünen Paprika ungefähr 5 Min. dünsten, bis die Zwiebeln goldbraun sind.

2 Die Garnelen zusammen mit den Brotkrumen, der Petersilie, dem Salz und frisch gemahlenem schwarzen Pfeffer dazugeben und umrühren. 1 weitere Min. köcheln lassen und dann vom Herd nehmen. Abkühlen lassen.

3 Die Garnelenmischung gleichmäßig auf den Fischfilets verteilen. Die Filets aufrollen und sie mit dem Ende nach unten in eine große, mit Butter eingefettete, ofenfeste Form legen. Die restliche Butter in einem kleinen Topf zerlassen und damit die Fischfilets bestreichen. 25–30 Min. im Ofen backen, bis das Fischfleisch sich leicht zerteilen läßt. Die Rollen in 1 cm dicke Scheiben schneiden und auf einer warmen Platte anrichten. Zum Warmhalten mit Alufolie bedecken.

4 Für die Ei-Zitronen-Sauce die Eier in einer mittelgroßen Schüssel verquirlen und nach und nach den Zitronensaft unterrühren. Die Mischung sehr langsam in den warmen Fischfond rühren. Dann die Sauce in einen kleinen Kochtopf geben und vorsichtig unter ständigem Rühren erhitzen, bis sie dickflüssig wird. Die Sauce über die Filets gießen, mit gehackter Petersilie garnieren und servieren.

Fritierter Stockfisch mit Knoblauch
BAKALIAROS SKORTHALIA

◆ ◆ ◆ ◆

Stockfisch bekommt man in Delikatessengeschäften. Sie sollten mit der Zubereitung einen Tag früher beginnen, da der Stockfisch 24 Std. in Wasser eingeweicht werden muß.

Zubereitungszeit: ungefähr 1 Std. 30 Min. plus Einweichzeit
Garzeit: ungefähr 5–10 Min.
FÜR 6–8 PERSONEN

- *750 g Stockfisch, 24 Std. in kaltem Wasser eingeweicht, Wasser mehrmals wechseln*
- *100 g Mehl*
- *Salz und frisch gemahlener schwarzer Pfeffer*
- *1 EL Olivenöl*
- *150 ml warmes Wasser*
- *1 Eiweiß*
- *Olivenöl zum Fritieren*
- *Zitronenschnitze zum Servieren*

FÜR DIE SKORTHALIA
- *4 Scheiben Weißbrot, ohne Kruste*
- *6 Knoblauchzehen, zerdrückt*
- *Salz, nach Belieben*
- *50 g gemahlene Mandeln*
- *150 ml Olivenöl*
- *frisch gepreßter Saft von 1 Zitrone*

UNTEN
Das antike Epidauros ist bekannt für seinen schönen Asklepios-Tempel (4. Jahrhundert v. Chr.) und sein Theater, das hier abgebildet ist.

1 Für die *Skorthalia* das Brot in eine Küchenmaschine oder einen Mixer geben und zerkleinern. 4 EL kaltes Wasser darübergießen und 5 Min. einweichen lassen. Den Knoblauch, das Salz und die Mandeln dazugeben und alles gut mixen, bis eine weiche, glatte Masse entsteht.

2 Bei angeschalteter Maschine ganz langsam in einem feinen Strahl das Olivenöl hineingießen, bis die Mischung dick und weich ist. Auf die gleiche Weise langsam den Zitronensaft untermischen. Die Mischung in eine Servierschüssel schütten, zudecken und zur Seite stellen.

3 Den Stockfisch von Haut und Gräten befreien und in 5 cm große Stücke schneiden. Für den Ausbackteig das Mehl mit dem Salz und dem frisch gemahlenen schwarzen Pfeffer in eine Schüssel sieben. Olivenöl und warmes Wasser hineinrühren, so daß ein weicher Teig entsteht. Bei Raumtemperatur 1 Stunde ruhen lassen.

4 Das Eiweiß in einer sauberen, trockenen Schüssel schlagen, bis es steif ist, und dann unter den Teig heben. Das Öl erhitzen. Die Fischstücke in den Teig tauchen und dann vorsichtig in das heiße Öl legen. Den Fisch portionsweise 5–7 Min. fritieren, bis er knusprig und goldbraun ist. Mit einem Schaumlöffel die fritierten Stücke auf einen Teller mit saugfähigem Küchenpapier legen. Die ausgebackenen Fischstücke mit Zitronenschnitzen und der *Skorthalia* servieren.

94

Sommerliches Fischmenü

Thunfisch mit Kichererbsen
Tonos me Revithia

◆

Dip aus Kabeljaurogen
Taramosalata

◆

Sesambrotringe
Semit

◆

Schwertfisch-Kebabs
Xifias Souvlakia

◆

Rote Meeräschen mit Knoblauch
Barbouni me Skortho

◆

Griechische Meze-Pilze
Manitaria

◆

Schwarzgefleckte Bohnen mit Gemüse
Louvia me Lahana

◆

Fleischlos gefülltes Gemüse
Yemista Orphana

◆

Blätterteig mit Grießfüllung
Galaktoboureko

◆

Crêpes mit Marmelade
Krep me Marmelada

◆

**Wein: Retsina
(trockener Weißwein)**

Fritierte Muscheln
MITHIA TIGANITA
◆ ◆ ◆ ◆

In Griechenland sind Miesmuscheln leicht zu haben und billig. Für Sie ist es jedoch wahrscheinlich einfacher, tiefgefrorene, gekochte Muscheln zu bekommen, die Sie nur noch auftauen müssen, bevor Sie sie verwenden.

Zubereitungszeit: ungefähr 30 Min.
Garzeit: ungefähr 15–20 Min.
FÜR 6–8 PERSONEN

- 1 kg frische Miesmuscheln
- Pflanzenöl zum Fritieren
- Zitronenschnitze zum Servieren

FÜR DEN TEIG
- 2 Eier

- 50 g Mehl
- Salz und frisch gemahlener schwarzer Pfeffer, nach Belieben
- 2 EL gehackte frische Petersilie
- ½ TL gemahlener Zimt

1 Die Muscheln unter fließendem kalten Wasser waschen und abschrubben, die außen hängenden Bärte entfernen und alle offenen Muscheln wegwerfen. Die vorbereiteten Muscheln in einen großen Topf geben.

2 Die Muscheln mit Wasser bedecken und zum Kochen bringen. 10 Min. kochen lassen, bis die Schalen sich geöffnet haben. Abgießen und alle Muscheln wegwerfen, die sich nicht geöffnet haben. Die Muscheln abkühlen lassen und dann aus ihren Schalen nehmen.

3 Für den Teig die Eier in eine mittelgroße Schüssel geben und schaumig schlagen. Das Mehl einsieben und verquirlen, bis eine weiche Masse entsteht. 4 EL kaltes Wasser dazugeben und mit Salz und frisch gemahlenem schwarzen Pfeffer würzen. Die gehackte Petersilie und den Zimt unterrühren.

4 Das Öl erhitzen. Die Muscheln einzeln in den Teig tauchen und dann vorsichtig in das heiße Öl legen. Die Muscheln portionsweise ein paar Sekunden fritieren, bis sie außen knusprig sind. Mit einem Schaumlöffel auf einen Teller mit saugfähigem Küchenpapier legen. Die Muscheln warm mit Zitronenschnitzen servieren.

Schwertfisch-Kebabs
XIFIAS SOUVLAKIA
◆ ◆ ◆ ◆

Schwertfisch ist ideal für dieses Rezept, da es ein Fisch mit starkem Aroma und festem Fleisch ist, so daß die Kebabs während des Grillens ganz bleiben. Das Resultat ist köstlich.

Zubereitungszeit: ungefähr 15 Min. plus Marinierzeit
Garzeit: ungefähr 15–20 Min.
FÜR 6–8 PERSONEN

- 100 ml Olivenöl
- frisch gepreßter Saft von 2 Zitronen
- 2 TL getrockneter Oregano
- Salz und frisch gemahlener schwarzer Pfeffer, nach Belieben
- 1 kg frischer Schwertfisch,

enthäutet, filetiert und in 5 cm große Stücke geschnitten
- 4 Tomaten, geviertelt
- 2 grüne Paprikaschoten, entkernt und in große Stücke geschnitten
- 3 Zwiebeln, geviertelt

1 In einer kleinen Schüssel das Olivenöl, den Zitronensaft, den Oregano, das Salz und den frisch gemahlenen schwarzen Pfeffer miteinander vermischen. Den Schwertfisch in eine große flache Schüssel legen. Die Olivenölmischung über den Fisch gießen und zugedeckt 2 Std. marinieren.

2 Die Marinade aufheben und die Schwertfischwürfel, die Tomatenscheiben, die grünen Paprikastücke und die Zwiebelviertel gleichmäßig auf sechs oder acht Metallspieße verteilen. Die Kebabs auf einen Grillrost legen.

3 Die Kebabs im vorgeheizten Grill 10–15 Min. garen, bis das Fischfleisch sich leicht zerteilen läßt und das Gemüse weich ist. Während des Grillens häufig mit der aufgehobenen Marinade begießen und die Kebabs regelmäßig wenden. Sofort servieren.

Kleine Fische in Weinblättern

PSARI STA KLIMATOFILLA

◆ ◆ ◆ ◆

Weinblätter sind eine perfekte Verpackung für kleine, ölige Fische, da sie das Aroma erhalten und den Fisch daran hindern, während des Kochens auseinanderzufallen. Dies ist eine attraktive und ungewöhnliche griechische Spezialität, die man gut auf dem Grill zubereiten kann.

Zubereitungszeit: ungefähr 30 Min.
Garzeit: ungefähr 10–15 Min.
FÜR 6 PERSONEN

- *6 kleine Makrelen oder Heringe, geschuppt und ausgenommen*
- *frisch gepreßter Saft von 1 Zitrone*
- *Salz und frisch gemahlener schwarzer Pfeffer, nach Belieben*
- *Olivenöl zum Beträufeln*
- *3 TL getrockneter Thymian oder 4 TL frischer Thymian*
- *12 Weinblätter, 5 Min. gekocht, abgetropft und abgespült*
- *frische Thymianzweige zum Garnieren*
- *Zitronenschnitze zum Servieren*

1 Den Fisch unter fließendem kalten Wasser waschen und mit saugfähigem Küchenpapier abtrocknen. Den Fisch auf ein Brett legen und mit Zitronensaft beträufeln. Mit Salz und frisch gemahlenem schwarzen Pfeffer würzen.

2 Den Fisch dann gleichmäßig mit Olivenöl beträufeln und mit Thymian bestreuen. Die Weinblätter auf der Arbeitsfläche ausbreiten und leicht mit Olivenöl bestreichen. Jeweils zwei Weinblätter um den Fisch wickeln, so daß er vollständig verpackt ist.

3 Den eingewickelten Fisch auf einen leicht mit Öl eingefetteten Grillrost legen und unter dem vorgeheizten Grill 6 Min. auf jeder Seite grillen, bis das Fleisch sich leicht zerteilen läßt. Auf eine Platte legen und mit frischen Thymianzweigen garnieren. Mit vielen Zitronenschnitzen servieren.

Garnelen-Pilaw
PILAFI ME GARIDES

◆ ◆ ◆ ◆

Versuchen Sie dieses Rezept mit gekochten, geschälten Muscheln anstatt mit Garnelen – eine köstliche Variante.

Zubereitungszeit: ungefähr 20 Min.
Garzeit: ungefähr 25 Min.
FÜR 6–8 PERSONEN

- 4 EL Olivenöl
- 2 Knoblauchzehen, zerdrückt
- 1 große Zwiebel, in Scheiben geschnitten
- 2 Selleriestangen, gehackt
- 100 g Langkornreis
- 400 g gehackte Tomaten aus der Dose
- 2 TL getrockneter Majoran
- Salz und frisch gemahlener

- schwarzer Pfeffer, nach Belieben
- 150 ml heißer Fischfond
- 1 TL Zucker
- 2 TL Zitronensaft
- 350 g große gekochte und geschälte Garnelen
- 100 g Fetakäse, zerbröckelt
- gehackte frische Petersilie zum Garnieren

1 Das Öl in einer großen Bratpfanne erhitzen und den Knoblauch, die Zwiebeln und den Sellerie ungefähr 5 Min. darin dünsten, bis sie weich sind. Den Reis dazugeben, umrühren und noch 1 Min. weiterdünsten.

2 Die gehackten Tomaten und den Majoran dazugeben und mit Salz und frisch gemahlenem schwarzen Pfeffer würzen. Den Fischfond, den Zucker und den Zitronensaft dazugeben und die Mischung zum Kochen bringen. Zugedeckt 10–15 Min. unter gelegentlichem Rühren köcheln lassen, bis der Reis weich ist.

3 Die Garnelen dazugeben und weitere 3–5 Min. köcheln lassen. Den Käse darüberstreuen und vorsichtig umrühren, damit er aufgenommen wird. Vom Herd nehmen und das Ganze zugedeckt 1–2 Min. stehen lassen, bis der Käse geschmolzen ist. Mit gehackter frischer Petersilie bestreuen und aus der Pfanne servieren.

Sardinen mit Tomaten und Rosmarin

SARTHELA MARINATA

◆ ◆ ◆ ◆

Es heißt, daß man, wenn man dieses griechische Gericht probiert hat, für immer von Griechenland träumen wird.

Zubereitungszeit: ungefähr 30 min.
Garzeit: ungefähr 35 Min.
FÜR 8 PERSONEN

- *8 frische Sardinen, ausgenommen und ohne Köpfe*
- *Mehl zum Bestäuben*
- *Olivenöl zum Braten*

FÜR DIE SAUCE
- *50 ml Olivenöl*
- *1 EL Mehl*
- *50 ml Rotweinessig*
- *400 g gehackte Tomaten aus der Dose*
- *2 TL getrockneter Rosmarin oder*
- *3 TL gehackter frischer Rosmarin*
- *1 TL getrockneter Oregano*
- *2 Knoblauchzehen, zerdrückt*
- *Salz und frisch gemahlener schwarzer Pfeffer, nach Belieben*
- *1 TL Zucker*
- *frische Rosmarinzweige zum Garnieren*
- *Zitronenschnitze zum Servieren*

1 Die Sardinen waschen und mit saugfähigem Küchenpapier abtrocknen. Auf ein Brett legen und von beiden Seiten mit Mehl bestäuben.

2 Das Öl erhitzen und den Fisch portionsweise ungefähr 5 Min. braten, bis er goldbraun und gar ist. Mit einem Schaumlöffel auf einen Teller mit saugfähigem Küchenpapier legen. Zum Warmhalten den Fisch mit Folie abdecken.

3 Für die Sauce das Olivenöl in einem mittelgroßen Kochtopf erhitzen und das Mehl hineinrühren. 30 Sek. kochen, dann nach und nach den Rotweinessig dazugießen, anschließend die Tomaten, den Rosmarin, den Oregano und den Knoblauch unterrühren. Mit Salz und frisch gemahlenem schwarzen Pfeffer würzen und den Zucker hineinrühren. Zugedeckt 15–20 Min. unter gelegentlichem Rühren köcheln lassen, bis die Sauce dick ist.

4 Die Sardinen auf eine warme Platte legen und die Sauce darübergießen. Mit frischen Rosmarinzweigen garnieren und mit Zitronenschnitzen servieren.

Buffet für eine Party

Griechischer Kartoffelsalat
Patatosalata

◆

Gerösteter Paprikasalat
Piperies Orektiko

◆

Marinierte Hackbällchen
Keftedakia me Saltsa

◆

Gebratene Knoblauchkartoffeln
Patates me Skortho

◆

Gefüllte Weinblätter
Dolmades

◆

Moussaka

◆

Lamm-Kebabs
Souvlakia

◆

Gebratene Hähnchenfrikadellen
Koto Tighanito

◆

Fritierter Stockfisch mit Knoblauch
Bakaliaros Skorthalia

◆

Gebäck mit Nußfüllung
Thaktyla Kypriaka

◆

Süße Käseteilchen
Kaltsounia Cretis

◆

Süßspeisen

Crêpes mit Marmelade

KREP ME MARMELADA

Diese Crêpes können lange im voraus zubereitet und auf einem Teller gestapelt werden. Mit Folie bedecken und 15 Minuten im Ofen aufwärmen. Dann Marmelade, Zimt und Zucker daraufgeben und servieren.

Zubereitungszeit: ungefähr 30 Min.
Garzeit: ungefähr 15 Min.
STÜCKZAHL: 24

- *2 verquirlte Eier*
- *1 EL Zucker*
- *ein paar Tropfen Vanillearoma*
- *600 ml Milch*
- *200 g Mehl, gesiebt*
- *Butter zum Einfetten*
- *Marmelade zum Servieren*
- *Zimt mit Zucker vermischt zum Servieren*

1 Die Eier und den Zucker in eine mittelgroße Schüssel geben und am besten mit einem elektrischen Rührgerät mixen, bis eine schaumige Masse entsteht. Das Vanillearoma unterrühren und dann nach und nach, unter ständigem Rühren, die Milch hineingießen, bis alles gut vermischt ist.

2 Das gesiebte Mehl nach und nach mit der Eiermischung verquirlen. Immer nur kleine Mengen Mehl dazugeben und jedesmal gut verquirlen, damit keine Klumpen entstehen.

3 Etwas Butter in einer kleinen Crêpepfanne oder Bratpfanne zerlassen und 2 EL des Teigs hineingeben. Die Pfanne schwenken, bis der Boden gleichmäßig mit Teig bedeckt ist. Bei großer Hitze ein paar Sek. backen, bis der Teig unten goldbraun ist, und dann mit einem Bratenwender umdrehen und noch ein paar Sek. backen, bis die Crêpe von beiden Seiten goldbraun ist.

4 Die fertige Crêpe auf einen Teller legen und mit dem restlichen Teig weitermachen. Eventuell nochmals Butter in der Pfanne zerlassen. Die fertigen Crêpes stapeln. Dazwischen Pergamentpapier legen, damit sie nicht zusammenkleben.

5 Zum Servieren etwas Marmelade auf jeder Crêpe verteilen und einrollen. Die gerollten Crêpes auf eine vorgewärmte Platte legen. Eventuell übereinanderlegen und stapeln. Mit der Zimt- und Zuckermischung bestreuen, während sie noch warm sind.

Gebäck mit Nußfüllung
THAKTYLA KYPRIAKA

◆ ◆ ◆ ◆

Ein knuspriges, in süßen Sirup getränktes Gebäck, gefüllt mit einer köstlichen Nußmischung. Ihre Gäste werden sicher nach mehr verlangen! Rosenwasser bekommen Sie in guten Reformhäusern und Delikatessengeschäften.

Zubereitungszeit: ungefähr 1 Std. plus Ruhezeit
Garzeit: ungefähr 5–10 Min.
STÜCKZAHL: 30–40

- *Pflanzenöl zum Fritieren*
- *150 g Pistazien, geschält und grob gehackt*
- *1 TL gemahlener Zimt*

FÜR DEN SIRUP
- *450 g Zucker*
- *50 ml klarer Honig*
- *350 ml Wasser*
- *ein Streifen Zitronenschale*
- *2 EL Rosenwasser (nach Wunsch)*
- *2 EL frisch gepreßter Zitronensaft*

FÜR DEN TEIG
- *550 g Mehl, plus etwas mehr zum Bestäuben*
- *$\frac{1}{4}$ TL Salz*
- *50 g Butter*
- *25 g Margarine*
- *2 EL Wasser*
- *1 Eigelb*

FÜR DIE FÜLLUNG
- *1 Eiweiß*
- *25 g Zucker*
- *200 g gemahlene Mandeln*
- *1 TL gemahlener Zimt*

1 Für den Sirup den Zucker und den Honig in einen mittelgroßen Kochtopf geben und mit dem Wasser verrühren. Auf möglichst niedriger Hitze zum Kochen bringen und die Zitronenschale und das Rosenwasser (nach Wunsch) hinzugeben. 5 Min. köcheln lassen, dann vom Herd nehmen. Den Zitronensaft unterrühren und zum Abkühlen ohne Deckel zur Seite stellen.

2 Für den Teig das Mehl mit dem Salz in eine große Schüssel sieben und eine Mulde in die Mitte drücken. Die Butter und die Margarine in die Mulde geben und mit dem Mehl verkneten, bis die Mischung an Brotkrumen erinnert. Das Wasser und das Eigelb dazugeben und die Masse zu einem Klumpen kneten. Auf eine mit Mehl bestäubte Arbeitsfläche geben und den Teig so lange kneten, bis er weich ist. In eine Plastiktüte legen und 1 Std. lang ruhen lassen.

3 Für die Füllung das Eiweiß in eine saubere, trockene, mittelgroße Schüssel geben und den Zucker hinzufügen. Solange verquirlen, bis der Eischnee steif ist, dann die gemahlenen Mandeln und den Zimt unterheben.

4 Den Teig auf einer leicht mit Mehl bestäubten Arbeitsfläche sehr dünn ausrollen. Den Teig in 5 x 10 cm große Rechtecke schneiden. Einen $\frac{1}{2}$ TL der Füllung auf eine kurze Seite der Teigrechtecke geben und zu einer fingerähnlichen Form aufrollen. Mit einer Gabel, die in kaltes Wasser getaucht wurde, die beiden Enden der Röllchen zusammendrücken, um die Füllung fest zu verschließen. Dabei die Röllchen gleichzeitig ein wenig in die Länge ziehen.

5 Das Öl in einer Friteuse erhitzen und die Teigröllchen portionsweise 3–5 Min. fritieren, bis sie knusprig und goldbraun sind. Mit einem Schaumlöffel auf einen Teller mit saugfähigem Küchenpapier legen.

6 Die gehackten Pistazien und den Zimt in einer kleinen Schüssel miteinander vermischen und auf einen Teller geben. Die heißen Teigröllchen in den abgekühlten Sirup tauchen und dann sofort durch die gehackte Nußmischung rollen. Auf eine Platte legen und warm oder kalt servieren.

Eisgekühlte Schokoladentorte
TOURTA TSOKOLATAS PSIGIOU

◆ ◆ ◆ ◆

Tourta tsokolatas psigiou ist ein köstliches Schokoladen-dessert, das im voraus zubereitet werden kann.

Zubereitungszeit: ungefähr 20 Min. plus Gefrierzeit
Garzeit: keine
FÜR 10–12 PERSONEN

- 200 g Butterkekse, grob zerbröselt
- 100 ml Milch
- 2 EL Brandy
- 200 g weiche Butter
- 200 g Zucker
- 3 Eier, getrennt
- 2 TL Vanillearoma
- 4 EL Kakaopulver
- 100 abgezogene Mandeln, geröstet und grob gehackt
- Pflanzenöl zum Einfetten

1 Die Kekse in eine große Schüssel geben. Die Milch und den Brandy darübergießen und solange einweichen lassen, bis die ganze Flüssigkeit absorbiert ist.

2 Die Butter und den Zucker in eine mittelgroße Schüssel geben und solange verquirlen, bis beides gut vermischt und kremig ist. Das Eigelb dazugeben und verquirlen, dann das Vanillearoma, das Kakaopulver und die gehackten Nüsse unterrühren.

3 Das Eiweiß in einer sauberen, trockenen Schüssel zu Eischnee verquirlen und unter die Schokoladenmischung heben. Die eingeweichten Kekse hineinrühren. Eine Kastenform leicht einfetten und mit Pergamentpapier aus-legen. Die Keksmischung hineingeben. Gleichmäßig in der Form verteilen und 4 Std. gefrieren, bis die Mischung fest ist. 30 Min. vor dem Servieren aus dem Eisfach nehmen und in den Kühlschrank stellen. Auf eine Platte stürzen und in dünne Scheiben schneiden.

Kokosnußkuchen

PASTA A LA POLITA

◆ ◆ ◆ ◆

Ein leichter Biskuitkuchen, in Sirup getränkt, was ihm seinen unwiderstehlichen Geschmack gibt. Der Kuchen hält sich längere Zeit.

Zubereitungszeit: ungefähr 1 Std.
Garzeit: ungefähr 40 Min.
Ofentemperatur: 190 °C
FÜR 10–12 PERSONEN

FÜR DEN SIRUP
- 350 g Zucker
- 1 Zimtstange
- 1 EL Brandy
- 250 ml Wasser

FÜR DEN KUCHEN
- 200 g weiche Butter plus etwas mehr zum Einfetten
- 350 g Zucker
- 6 Eier, getrennt
- 1 EL Brandy
- 1 EL frisch gepreßter Orangensaft
- 450 g Mehl
- 1 EL Backpulver
- 150 g Kokosnußraspel

1 Für den Sirup das Wasser in einen mittelgroßen Kochtopf geben. Den Zucker dazugeben und unter gelegentlichem Rühren langsam erhitzen, bis der Zucker sich aufgelöst hat. Die Zimtstange und den Brandy dazugeben und zum Kochen bringen. 5 Min. kochen lassen, dann vom Herd nehmen und abkühlen lassen.

2 Den Ofen auf 190 °C vorheizen. Eine 23 x 70 x 7,5 cm große Auflaufform mit Butter einfetten und mit Pergamentpapier auslegen. Für den Kuchen die Butter und den Zucker in eine Schüssel geben und schaumig schlagen. Die Eigelbe nacheinander dazugeben und jedes Mal gut verquirlen. Dann den Brandy und den Orangensaft unterrühren.

3 Das Mehl mit dem Backpulver vermischen und langsam in die cremige Mischung quirlen. Dann die Kokosnußraspel unterrühren. Das Eiweiß in einer sauberen, trockenen Schüssel zu Eischnee schlagen. Dann unter die cremige Mischung heben und diese in die Auflaufform gießen. 30–35 Min. backen, bis der Kuchen goldbraun ist. Mit einem Spieß hineinstechen und überprüfen, ob nichts mehr an ihm kleben bleibt.

4 Den Kuchen noch in der Auflaufform auf einen Gitterrost legen und mit einem scharfen Messer rautenförmig anschneiden. Dann den abgekühlten Sirup gleichmäßig darübergießen und 5 Min. ruhen lassen. Zum Servieren die Stücke ganz durchschneiden. Zum Aufbewahren in einen luftdichten Behälter geben.

Mandelgebäck

AMYGTHALOTA

◆ ◆ ◆ ◆

Rosen- und Orangenwasser kann man in guten Reformhäusern oder in Delikatessengeschäften kaufen. Man kann gemahlene Mandeln benutzen und dann den Teig mit den Händen statt in einer Küchenmaschine kneten.

Zubereitungszeit: ungefähr 20 Min.
Garzeit: ungefähr 15 Min.
Ofentemperatur: 180 °C
STÜCKZAHL: 24

- *450 g abgezogene Mandeln*
- *200 g Zucker*
- *1 TL Vanillearoma*
- *3 Eiweiß*
- *150 g frische Weißbrotkrumen*

- *Butter zum Einfetten*
- *300 ml Orangen- oder Rosenwasser*
- *Zucker zum Bestäuben*

1 Den Ofen auf 180 °C vorheizen. Die Mandeln und 2 EL des Zuckers in einen Mixer geben und sehr fein hacken. Den restlichen Zucker mit dem Vanillearoma dazugeben. Das Eiweiß in einer sauberen Schüssel leicht schlagen und mit den Brotkrumen ebenfalls in den Mixer geben. So lange mixen, bis ein weicher Teig entsteht, dann die Mischung auf die Arbeitsfläche geben.

2 Zwei Backbleche leicht mit Butter einfetten. Mit feuchten Händen den Mandelteig zu walnußgroßen Kugeln formen und sie auf die vorbereiteten Backbleche legen. 15 Min. backen, bis sie goldbraun und außen fest sind.

3 Die Kugeln auf einem Gitterrost leicht abkühlen lassen. Das Orangen- oder Rosenwasser in eine kleine Schüssel gießen und jede Kugel in die Flüssigkeit tauchen, dann wieder auf den Gitterrost legen. Mit Zucker bestäuben und vor dem Servieren trocknen lassen.

Nußstückchen

BAKLAVA

◆ ◆ ◆ ◆

Für diesen klassischen griechischen Kuchen werden Walnüsse und Mandeln verwendet, aber wenn Sie möchten, nehmen sie nur eine Sorte Nüsse, oder versuchen Sie es einmal mit Pistazien.

Zubereitungszeit: ungefähr 45 Min.
Garzeit: ungefähr 1 Std. 15 Min.
Ofentemperatur: 160 °C
STÜCKZAHL: 24

- 150 g Butter, zerlassen
- 450 g Blätterteig, aufgetaut, falls tiefgefroren

FÜR DIE FÜLLUNG
- 4 EL klarer Honig
- 2 EL frisch gepreßter Zitronensaft
- 50 g Zucker
- 1 TL gemahlener Zimt
- 1 TL fein geriebene Zitronenschale
- 200 g abgezogene

Mandeln, grob gehackt
- 200 g geschälte Walnüsse, grob gehackt

FÜR DEN SIRUP
- 350 g Zucker
- 100 g klarer Honig
- 600 ml Wasser
- 1 Zimtstange
- 1 Streifen Zitronenschale

1 Den Ofen auf 160 °C vorheizen. Eine 30 x 23 x 7,5 cm große Auflaufform einfetten. Die Blätterteiglagen für die Form zurechtschneiden.

2 Die erste Lage Blätterteig auf den Boden der eingefetteten Auflaufform legen und mit zerlassener Butter bestreichen. Eine weitere Lage Blätterteig darauflegen und sie wieder mit zerlassener Butter bestreichen. Diesen Vorgang wiederholen, bis 12 Lagen Blätterteig auf dem Boden der Form liegen. Den restlichen Blätterteig mit einem leicht feuchten Tuch bedecken, damit er nicht austrocknet.

3 Für die Füllung den Honig in eine mittelgroße Schüssel geben. Den Zitronensaft dazugeben und gut verrühren. Den Zucker, den Zimt, die Zitronenschale und die Nüsse unterrühren. Die Hälfte der Füllung über den Teig auf dem Boden der Form geben.

4 Drei weitere Lagen Blätterteig über die Füllung legen, jede Lage sollte wieder mit zerlassener Butter bestrichen werden. Die restliche Füllung über den Teig verteilen und mit den restlichen Lagen Blätterteig bedecken. Die letzte Lage mit der restlichen Butter bestreichen und 5 cm lange, rautenförmige Einschnitte machen. Eine Std. backen, bis der Kuchen goldbraun und knusprig ist. Aus dem Ofen nehmen und auf einen Gitterrost stellen.

5 Für den Sirup alle Zutaten zusammen in einen mittelgroßen Kochtopf geben und langsam erhitzen, bis der Zucker sich vollkommen aufgelöst hat. Die Hitze verstärken und 10 Min. kochen lassen. Die Zimtstange und die Zitronenschale herausnehmen und den Sirup gleichmäßig über den Kuchen gießen. Idealerweise sollte die *Baklava* über Nacht bei Raumtemperatur ruhen, bevor sie in rautenförmige Stücke geschnitten wird.

Blätterteig mit Grießfüllung
GALAKTOBOUREKO

◆ ◆ ◆ ◆

Noch ein klassischer griechischer Kuchen – ähnlich wie die *Baklava* und genauso süß und unwiderstehlich.

Zubereitungszeit: ungefähr 1 Std.
Garzeit: ungefähr 1 Std. 30 Min.
Ofentemperatur: 180 °C
STÜCKZAHL: 24

- 450 g Blätterteig
- 100 g Butter, zerlassen
- 2 TL frisch gepreßter Zitronensaft

FÜR DEN SIRUP
- 450 g Zucker
- 300 ml Wasser
- 1 Zimtstange
- einige Gewürznelken
- 1 EL Brandy
- 1 EL frisch gepreßter Orangensaft

FÜR DIE FÜLLUNG
- 200 g Zucker
- 200 g Grieß
- 1,5 l Milch
- 1 EL Brandy
- 3 Eier
- fein geriebene Schale einer ½ Orange

1 Für den Sirup den Zucker und das Wasser in einen großen Kochtopf geben und unter ständigem Rühren bei niedriger Hitze köcheln lassen, bis sich der Zucker aufgelöst hat. Die Zimtstange und die Nelken dazugeben und zum Kochen bringen. 10–12 Min. sprudelnd kochen lassen. Vom Herd nehmen und die restlichen Sirupzutaten unterrühren. Zum Abkühlen zur Seite stellen. Die Zimtstange und die Nelken herausholen und wegwerfen.

2 Den Ofen auf 180 °C vorheizen. Eine 30 x 23 x 7,5 cm große Auflaufform leicht mit Butter einfetten.

3 Für die Füllung den Zucker und den Grieß in einen großen Kochtopf geben. Langsam die Milch hineingießen und vorsichtig unter ständigem Rühren erhitzen, bis die Mischung dick geworden ist und keine Klumpen mehr hat. Den Brandy unterrühren und vom Herd nehmen.

4 Die Eier in eine Schüssel geben und schaumig schlagen. Die Grießmischung dazugeben und gut verrühren. Die Orangenschale hinzufügen. Langsam abkühlen lassen.

5 Die Hälfte des Blätterteigs auf den Boden der vorbereiteten Auflaufform legen und jede Lage gleichmäßig mit zerlassener Butter bestreichen, bevor sie übereinandergelegt werden. Mit einem Löffel die Füllung daraufgeben und gleichmäßig verteilen. Mit den restlichen Lagen Blätterteig abdecken. Jede Lage wieder mit zerlassener Butter bestreichen.

6 Mit einem scharfen Messer 5 cm große, rautenförmige Einschnitte in die oberen Lagen Blätterteig machen. Den Kuchen 45 Min. backen, bis er oben knusprig und goldbraun und die Füllung fest ist. Aus dem Ofen holen und die Form auf einen Gitterrost stellen. Den Sirup über den *Galaktoboureko* gießen und 4 Std., oder am besten eine ganze Nacht lang, ruhen lassen. In kleinen Stücken servieren.

Fritiertes Honiggebäck
DIPLES

Ein beliebtes griechisches Teegebäck. Dünne Teigstücke werden in Öl fritiert, dann in Sirup getaucht und mit gehackten Walnüssen und Zimt bestreut.

Zubereitungszeit: ungefähr 30 Min.
Garzeit: ungefähr 20 Min.
STÜCKZAHL: 60

- *3 Eier, plus 3 Eigelb*
- *2 EL frisch gepreßter Orangensaft*
- *2 TL Backpulver*
- *800 g Mehl*
- *Pflanzenöl zum Fritieren*

FÜR DEN SIRUP
- *450 g klarer Honig*
- *100 ml Wasser*
- *2 TL gemahlener Zimt*
- *250 geschälte Walnüsse, gehackt*

1 Die Eier und die zusätzlichen Eigelbe in eine Schüssel geben und gut verquirlen. Den Orangensaft unterrühren. Das Backpulver mit 450 g des Mehls durchsieben und mit der Eiermischung verquirlen. So viel vom restlichen Mehl dazugeben, daß ein fester Teig entsteht.

2 Den Teig auf eine leicht mit Mehl bestäubte Arbeitsfläche legen und 10 Min. leicht kneten, bis Blasen auftreten.

3 Den Teig in vier gleiche Teile schneiden und jedes Viertel auf einer mit Mehl bestäubten Arbeitsfläche ganz dünn ausrollen. Den Teig in 10 x 15 cm große Rechtecke schneiden und zur Seite stellen. Das Öl erhitzen und die Teigstücke nach und nach ein paar Sek. fritieren, bis sie goldbraun und knusprig sind. Während des Fritierens mit zwei Gabeln umdrehen. Mit einem Schaumlöffel auf einen Teller mit saugfähigem Küchenpapier legen.

4 Für den Sirup den Honig und das Wasser in einen großen Kochtopf geben und langsam erhitzen, bis der Honig geschmolzen ist. Zum Kochen bringen und 15 Min. kochen lassen. Den Schaum abschöpfen. Vom Herd nehmen. Jedes Plätzchen in den heißen Sirup tunken und zum Abkühlen auf einen Gitterrost legen. Mit Zimt und gehackten Walnüssen bestreuen und vor dem Servieren vollkommen abkühlen lassen.

Weihnachtsgebäck
KOURABIETHES

◆ ◆ ◆ ◆

Diese Plätzchen findet man vor Weihnachten in Griechenland stapelweise in allen Konditoreien. Machen Sie viele im voraus und bewahren Sie sie bis Weihnachten in einem luftdichten Behälter auf.

Zubereitungszeit: ungefähr 20 Min.
Garzeit: ungefähr 20 Min.
Ofentemperatur: 190 °C
STÜCKZAHL: 26

- *450 g weiche Butter*
- *200 g Zucker*
- *3 Eigelb*
- *4 EL Brandy*
- *ein paar Tropfen Vanillearoma*
- *900 g Mehl, gesiebt*
- *2 TL Backpulver*
- *200 g abgezogene Mandeln, geröstet und gehackt*
- *4 EL Rosenwasser*
- *Puderzucker, gesiebt, zum Bestäuben*

1 Den Ofen auf 190 °C vorheizen. Die Butter und den Zucker in eine Schüssel geben und schaumig rühren. Die Eigelbe hineinrühren, dann den Brandy und das Vanillearoma.

2 Das Mehl mit dem Backpulver dazusieben und die Mandeln dazugeben. Gut miteinander vermischen, bis ein fester Teig entsteht. Auf eine leicht mit Mehl bestäubte Arbeitsfläche geben und den Teig vorsichtig ein paar Sek. kneten.

3 5 mm dick ausrollen und mit Förmchen Sterne, Halbmonde und Kreise ausstechen. Die Plätzchen auf ein leicht gefettetes Backblech legen und 20 Min. backen, bis die Plätzchen fest, aber nicht braun sind.

4 Zum Abkühlen auf einen Gitterrost legen und mit Rosenwasser beträufeln. Trocknen lassen, dann gut mit Puderzucker bestäuben. Zum Servieren auf einem Teller anrichten.

Honigkrapfen

LOUKOUMADES

◆ ◆ ◆ ◆

Eine griechische Spezialität, die mit starkem schwarzen Kaffee serviert wird, um den süßen, feuchten und nussigen Geschmack dieser köstlichen Krapfen zu unterstreichen.

Zubereitungszeit: ungefähr 30 Min.
Garzeit: ungefähr 5–10 Min.
STÜCKZAHL: 30

- *300 ml Wasser*
- *20 g frische Hefe*
- *350 g Mehl*
- *¹/₂ TL gemahlener Zimt*
- *1 kleine Prise Salz*
- *6 EL warme Milch*
- *2 verquirlte Eier*
- *Pflanzenöl zum Fritieren*
- *50 g Zucker*
- *1 TL gemahlener Zimt*

- *100 g abgezogene Mandeln, geröstet und feingehackt*

FÜR DEN SIRUP
- *200 g klarer Honig*
- *100 g Zucker*
- *1 EL Zitronensaft*
- *1 Zimtstange*

1 150 ml lauwarmes Wasser in eine kleine Schüssel geben und die Hefe darüberbröckeln. Gut verrühren, bis die Hefe sich aufgelöst hat, zugedeckt 15–20 Min. an einen warmen Ort stellen, bis die Mischung Blasen wirft.

2 Das Mehl mit dem Zimt und dem Salz in eine Schüssel sieben und eine Mulde in die Mitte drücken. Die schäumende Hefemischung, die Milch und die restlichen 150 ml lauwarmes Wasser in die Mulde gießen. Mit einem Teil der Mehlmischung verrühren, dann die Eier dazugeben und alles zu einem weichen Teig verkneten. Den Teig so lange schlagen, bis er Blasen wirft. Zur Seite stellen.

3 Für den Sirup alle Zutaten in einen mittelgroßen Topf geben und langsam erhitzen, bis der Zucker sich aufgelöst hat. Die Hitze erhöhen und den Sirup 10 Min. kochen. Abkühlen lassen, dann die Zimtstange entfernen und zur Seite stellen.

4 Das Öl in der Friteuse erhitzen. Den Teig vorsichtig eßlöffelweise in das heiße Öl geben und die Krapfen portionsweise 3–5 Min. fritieren, bis sie aufgegangen und goldbraun sind. Während des Fritierens sorgfältig wenden. Mit dem restlichen Teig fortfahren. Mit einem Schaumlöffel die garen Krapfen auf einen Teller mit saugfähigem Küchenpapier legen.

5 Den Zucker und den Zimt auf einem Teller vermischen und jeden heißen Krapfen darin wälzen. Entweder die Krapfen in eine flache Schüssel legen, den Sirup darübergießen und 1 Std. ruhen lassen, bevor die gehackten Mandeln darübergestreut werden, oder die Krapfen auf einer Platte übereinanderlegen, mit den gehackten Mandeln bestreuen und den Sirup separat servieren.

Ostergebäck
KOULOURAKIA LAMBRIATIKA

◆ ◆ ◆ ◆

Dieses Gebäck ist ein Hauptbestandteil der österlichen Meze-Tafel und wird in Griechenland noch Wochen nach dem Fest in den Kaffee getunkt.

Zubereitungszeit: ungefähr 30 Min. plus Ruhezeit
Garzeit: ungefähr 20 Min.
Ofentemperatur: 180 °C
STÜCKZAHL: 48

- 800 g Mehl
- 1 EL Backpulver
- 1 Prise Salz
- 175 g weiche Butter
- 175 Zucker
- 2 Eier
- 100 ml Milch
- fein geriebene Schale einer ½ Orange
- fein geriebene Schale einer ½ Zitrone
- ein paar Tropfen Vanillearoma
- 1 Eigelb mit 1 EL frisch gepreßten Orangensaft verquirlt, zum Bestreichen
- Sesamsamen zum Dekorieren

1 Den Ofen auf 180 °C vorheizen. Das Mehl, das Backpulver und die Prise Salz in eine mittelgroße Schüssel sieben.

2 Die Butter und den Zucker in eine andere Schüssel geben und mit einem elektrischen Rührgerät schaumig schlagen. Die Eier einzeln hineinschlagen und dann die Milch dazugießen. Die Orangen- und Zitronenschalen und das Vanillearoma unterrühren und gut vermischen.

3 Nach und nach die Mehlmischung dazugeben und zu einem dicken, weichen Teig verquirlen. Auf eine mit Mehl bestäubte Arbeitsfläche geben und den Teig vorsichtig kneten, bis er glatt und weich ist. Den Teig 10 Min. ruhen lassen.

4 Den Teig in walnußgroße Stücke aufteilen und ihn dann zu Ringen, S-Formen, Achten oder Kreisen formen. Dabei darauf achten, daß die Plätzchen alle gleichgroß sind, sonst die Backzeit angleichen.

5 Die Plätzchen auf ein leicht gefettetes Backblech legen und mit der Eigelb-Orangen-Mischung bestreichen. Den Sesam darüberstreuen und 15–20 Min. goldbraun backen. Zum Abkühlen auf einen Gitterrost legen.

Süße Käseteilchen
KALTSOUNIA CRETIS
◆ ◆ ◆ ◆

Dieses Rezept stammt aus Kreta, wo man *Kaltsounia cretis* **zu jeder Tageszeit frisch in den Bäckereien bekommt. Den Käse für die Füllung erhält man in guten griechischen Delikatessengeschäften. Diese Teilchen können Sie zwei Wochen lang in einem luftdichten Behälter an einem kalten, trockenen Ort aufbewahren.**

Zubereitungszeit: ungefähr 40 Min. plus Ruhezeit
Garzeit: ungefähr 25 Min.
Ofentemperatur: 180 °C
STÜCKZAHL: 30

- *Puderzucker, gesiebt, zum Bestäuben*

FÜR DEN TEIG
- *450 g Mehl, gesiebt*
- *1 TL Backpulver*
- *1 EL feiner Zucker*
- *1 Prise Salz*
- *50 g Butter, gewürfelt, plus etwas mehr zum Einfetten*
- *50 g Magarine, gewürfelt*
- *2 Eier*
- *2 TL Orangenwasser*
- *1–2 EL Milch*

FÜR DIE FÜLLUNG
- *450 g Frischkäse, zum Beispiel ungesalzener Mizithra, Anthotiro oder Ricotta*
- *1 Ei*
- *50 g feiner Zucker*
- *2 EL klarer Honig*
- *1 TL gemahlener Zimt*
- *½ TL getrocknete Minze*

UNTEN
Die Backwaren dieser reizenden Bäckerei in Heraklion sind wahre Kunstwerke.

1 Für den Teig das Mehl, das Backpulver, den Zucker und das Salz durch ein Sieb in eine große Schüssel geben. Die Butter und die Magarine dazugeben und so lange mit dem Mehl verkneten, bis ein krümeliger Teig entsteht.

2 Die Eier, das Orangenwasser und die Milch dazugeben und verkneten, bis der Teig weich und elastisch ist. Auf eine leicht mit Mehl bestäubte Arbeitsfläche geben und 10 Min. kneten, bis er ganz glatt und elastisch ist. Wieder in die gesäuberte Schüssel geben und zugedeckt zur Seite stellen.

3 Für die Füllung alle Zutaten in einer großen Schüssel gut miteinander verrühren. Zwei Backbleche leicht mit Butter einfetten und den Ofen auf 180 °C vorheizen.

4 Den Teig in walnußgroße Stücke aufteilen. Jedes Stück auf einer leicht mit Mehl bestäubten Arbeitsfläche zu einer 10 cm großen runden Teigplatte ausrollen. 1 TL der Füllung in die Mitte des Teiges geben und die Ränder darüberklappen, so daß sie fast aneinanderstoßen. Die Füllung sollte in der Mitte noch sichtbar sein.

5 Die Käseteilchen auf die vorbereiteten Backbleche legen und 20–25 Min. backen, bis sie leicht gebräunt und knusprig sind. Zum Abkühlen auf einen Gitterrost legen, dann mit Puderzucker bestäuben.

Obstkompott

KOMPOSTA ANAMIKTI

◆ ◆ ◆ ◆

Zu diesem köstlichen Dessert sollte man unbedingt viel dicken griechischen Joghurt servieren.

Zubereitungszeit: ungefähr 30 Min.
Garzeit: ungefähr 15 Min.
FÜR 8–10 PERSONEN

- *350 g Birnen*
- *350 g Äpfel*
- *350 g Pfirsiche*
- *350 g Aprikosen*
- *2 EL Zitronensaft*
- *700 g Zucker*
- *2 Zimtstangen*
- *900 ml Wasser*
- *3–4 Gewürznelken*
- *1 Streifen Zitronenschale*

1 Vorbereitung der Früchte für das Kompott: Die Birnen und Äpfel schälen, entkernen und vierteln. Die Pfirsiche und Aprikosen waschen und die Steine entfernen. Die Pfirsiche vierteln und die Aprikosen halbieren.

2 Die Birnen- und Apfelstücke zusammen mit dem Zitronensaft, dem Zucker, den Zimtstangen, dem Wasser, den Nelken und der Zitronenschale in einen großen, schweren Kochtopf geben. Langsam zum Kochen bringen und 5 Min. köcheln lassen.

3 Die Pfirsiche dazugeben und weitere 5 Min. köcheln lassen, dann die Aprikosenhälften dazugeben und noch einmal 3–5 Min. köcheln lassen, bis sie weich sind. Mit einem Schaumlöffel in eine Servierschüssel geben und zugedeckt zur Seite stellen.

4 Den Fruchtsaft wieder zum Kochen bringen und 10 Min. kochen lassen, bis er sich leicht reduziert hat und etwas eingedickt ist. Die Zimtstangen, die Nelken und die Zitronenschale herausnehmen. Den Sirup abkühlen lassen, dann über die Früchte gießen. Bei Raumtemperatur oder gekühlt servieren.

Neujahrskuchen

VASSILOPITTA

◆ ◆ ◆ ◆

Vassilopitta wird traditionellerweise am Neujahrstag gereicht. Wer das Glück hat, die versteckte Münze zu finden, muß nur darauf achten, nicht darauf zu beißen!

Zubereitungszeit: ungefähr 40 Min. plus Zeit zum Gehen
Garzeit: ungefähr 50 Min.
Ofentemperatur: 190 °C
FÜR 10–12 PERSONEN

- 1 kg Mehl
- 1 Prise Salz
- 250 ml lauwarme Milch
- 50 g frische Hefe
- 4 Eier
- 100 g Zucker
- 200 g Butter, zerlassen,

plus etwas mehr zum Einfetten
- *Milch zum Bestreichen*
- *3 EL geröstete Sesamsamen zum Dekorieren*

1 Das Mehl und das Salz in eine große Schüssel sieben. Die lauwarme Milch in eine kleine Schüssel gießen und die Hefe darüber zerbröckeln. Gut vermischen, bis die Hefe sich aufgelöst hat, dann zugedeckt an einen warmen Ort stellen, bis das Ganze Blasen wirft.

2 Eine Mulde in die Mitte der Mehlmischung drücken und die Eier einzeln hineinschlagen. Nach jedem Ei gut schlagen. Dann den Zucker, die zerlassene Butter und die Hefemischung dazugeben. Weiterrühren, bis sich ein Teig bildet, dann auf eine leicht mit Mehl bestäubte Arbeitsfläche legen und so lange kneten, bis der Teig weich und elastisch ist.

3 Den Teig in die gesäuberte Schüssel zurücklegen und zugedeckt an einen warmen Ort stellen. 2 Stunden gehen lassen, bis er sich verdoppelt hat.

4 Den Ofen auf 190 °C vorheizen. Den Teig auf eine mit Mehl bestäubte Arbeitsfläche legen und 5 Min. kneten. Eine saubere Münze in den Teig stecken und weitere 1–2 Min. kneten. Den Teig zu einer Kugel formen und in eine 20 cm große, runde Backform drücken. Mit Frischhaltefolie bedecken und an einem warmen Ort weitere 10 Min. gehen lassen.

5 Den Kuchen mit Milch bestreichen und die Sesamsamen darüberstreuen. 50 Min. backen, bis er goldbraun ist und sich hohl anhört, wenn man dagegenklopft. Abkühlen lassen. In Scheiben geschnitten servieren.

Eingemachte Früchte

GLIKA KOUTALIOU

◆ ◆ ◆ ◆

Machen Sie die köstlichsten Früchte der Saison ein, denn an einem kühlen, trockenen Ort halten sie sich mehrere Monate. Die Griechen servieren ihren Gästen diese süßen Früchte mit einer Tasse Kaffee und einem Glas Wasser. Geben Sie ein paar Früchte und etwas Sirup auf kleine Teller, von denen sich Ihre Gäste selbst bedienen können.

Zubereitungszeit: ungefähr 30 Min. plus Ruhezeit
Garzeit: ungefähr 20 Min.
FÜR UNGEFÄHR 3 GROSSE EINMACHGLÄSER

- 1 kg frische Früchte, z.B. Kirschen, Stachelbeeren, Trauben, Feigen
- 600 ml Wasser
- 700 g Zucker

- 2 EL frisch gepreßter Zitronensaft
- 1 Streifen Zitronenschale
- ein paar Tropfen Vanillearoma

1 Vorbereitung der Früchte: die Kirschen entkernen, die Stachelbeeren oben und unten abschneiden, die Trauben entkernen, usw.

2 Das Wasser in einen großen Kochtopf gießen und den Zucker hinzufügen. Unter ständigem Rühren langsam erhitzen, bis sich der Zucker aufgelöst hat. Die Hitze erhöhen und den Sirup ohne Rühren 5 Min. kochen.

3 Die Früchte mit der Zitronenschale und dem Vanillearoma zu dem Sirup geben und 10 Min. köcheln lassen. Die Mischung in eine hitzebeständige Schüssel gießen. Zugedeckt über Nacht an einem kühlen Ort lagern.

4 Die Früchte und den Sirup wieder in den gesäuberten Kochtopf geben und erneut zum Kochen bringen. 5 Min. köcheln lassen, dann zurück in die Schüssel gießen. Zugedeckt nochmals über Nacht stehen lassen.

5 Die Zitronenschale entfernen und wegwerfen. Die Früchte und den Sirup in warme, sterile Einmachgläser geben. Abkühlen, beschriften und bis zum Verzehr lagern.

117

Brot

Klassisches Olivenbrot

Pittabrot

Sesambrotringe

Sesambrötchen

Weihnachtsbrot

Osterbrot

Klassisches Olivenbrot

ELIOPITTA

◆ ◆ ◆ ◆

Die Oliven in diesem Brot werden manchmal mit Kern gebacken. Um dieses Brot noch köstlicher zu machen, bestreichen Sie es 15 Minuten vor Ende der Backzeit mit verquirltem Eigelb.

Zubereitungszeit: ungefähr 30 Min. plus Ruhezeit
Garzeit: ungefähr 50 Min.
Ofentemperatur: 190 °C
STÜCKZAHL: 1 BROT

- 800 g Mehl
- 1 EL Backpulver
- 1 Prise Salz
- 150 ml Wasser
- 50 ml Olivenöl plus etwas mehr zum Einfetten
- 1 EL getrocknete Minze
- 1 Zwiebel, feingehackt
- 350 g Oliven, entkernt, gewaschen und abgetropft
- 1 Eigelb, verquirlt, zum Bestreichen

1 Den Ofen auf 190 °C vorheizen. Das Mehl, das Backpulver und das Salz zusammen in eine große Schüssel sieben und eine Mulde in die Mitte drücken.

2 Das Wasser zusammen mit dem Olivenöl, der getrockneten Minze, den gehackten Zwiebeln und den Oliven in die Mulde geben. Mit einem Holzlöffel zu einem festen Teig verrühren. Den Teig auf eine leicht mit Mehl bestäubte Arbeitsfläche geben und mindestens 10 Min. kneten, bis er weich ist. Wieder in die gesäuberte Schüssel geben, mit Frischhaltefolie zudecken und 10 Min. ruhen lassen.

3 Den Teig erneut auf eine leicht mit Mehl bestäubte Arbeitsfläche geben, kneten und zu einen runden Brotlaib von 24 cm Durchmesser formen. Eine runde Form von 25 cm Durchmesser einfetten und den Teig hineinlegen. 50 Min. lang backen und 15 Min. vor Ende der Backzeit das Brot mit Eigelb bestreichen. Das Brot vor dem Servieren auf einem Gitterrost abkühlen lassen.

Pittabrot

PITTA

◆　◆　◆　◆

Es gibt nichts besseres als frisch gebackenes Pittabrot, das zu einer Vielzahl köstlicher Gerichte auf der Meze-Tafel serviert wird. Pittabrot kann man gut einfrieren. Man kann es auftauen und vor dem Servieren bei niedriger Temperatur im Ofen ein paar Minuten aufbacken.

Zubereitungszeit: ungefähr 30 Min. plus Zeit zum Gehen
Garzeit: ungefähr 10 Min.
Ofentemperatur: 240 °C
STÜCKZAHL: 12

- *6 TL Trockenhefe*
- *1 TL Zucker*
- *600 ml warmes Wasser*
- *1,5 kg Mehl*
- *2 TL Salz*
- *50 g Butter, zerlassen*

1 Die Hefe und den Zucker in eine kleine Schüssel geben und 300 ml warmes Wasser darübergießen. Umrühren, bis sich Hefe und Zucker auflösen. Mit Frischhaltefolie bedecken und 15 Min. an einen warmen Ort stellen, bis das Ganze schäumt.

2 Das Mehl und das Salz in eine große Schüssel geben und in die Mitte eine Mulde drücken. 300 ml warmes Wasser hineingießen und die zerlassene Butter und die Hefemischung dazugeben. Zu einem festen Teig verrühren.

3 Den Teig auf eine leicht mit Mehl bestäubte Arbeitsfläche geben und eventuell noch etwas Mehl hinzufügen, dann kneten, bis er weich und elastisch ist. Den Teig zu einer Kugel formen und in eine saubere Schüssel legen. Mit Frischhaltefolie bedecken und 1¹/₂ Std. an einen warmen Ort stellen, bis der Teig sich verdoppelt hat.

4 Den Teig auf eine leicht mit Mehl bestäubte Arbeitsfläche legen und schlagen, bis er wieder seine ursprüngliche Größe hat. Den Teig 20 Min. ruhen lassen. Unterdessen drei Backbleche mit Mehl bestäuben.

5 Den Teig in 12 gleich große Portionen teilen und jede zu einer 20 cm großen runden Platte ausrollen. Die Teigstücke auf die Backbleche legen; 2,5 cm Abstand zwischen ihnen lassen. Gut mit Frischhaltefolie abdecken und an einen warmen Ort stellen. Weitere 30 Min. gehen lassen.

6 Den Ofen auf 240 °C vorheizen. Das erste der drei Backbleche 3–5 Min. auf die unterste Schiene des Ofens stellen, bis die Brote aufgegangen sind. Die Brote vom Backblech nehmen und auf einen Gitterrost in der mittleren Schiene legen, um sie dort 5 Min. weiterzubacken, bis sie fest sind und anfangen, braun zu werden. Auf eine vorgewärmte Platte legen und den Vorgang mit den restlichen Pittabroten wiederholen. Warm servieren.

RECHTS
Weißgetünchte Wände reflektieren die Hitze, und Häuser wie dieses in der Nähe von Plakias bieten im Sommer eine kühle Zufluchtsstätte.

Sesambrotringe

SEMIT

◆ ◆ ◆ ◆

Dies sind griechische Brezeln. Sie können mehrere Tage in einem luftdichten Behälter aufbewahrt werden.

Zubereitungszeit: ungefähr 20 Min. plus Zeit zum Gehen
Garzeit: ungefähr 15 Min.
Ofentemperatur: 190 °C
STÜCKZAHL: 12

- *450 g Mehl, plus etwas mehr zum Bestäuben*
- *1 TL Zucker*
- *1 Prise Salz*
- *3 TL Trockenhefe*
- *$\frac{1}{2}$ TL getrocknete Minze*
- *150 ml warmes Wasser*
- *1 Eiweiß mit 2 EL kaltem Wasser verquirlt, zum Bestreichen*
- *Sesamsamen zum Dekorieren*

1 Die Hälfte des Mehls zusammen mit dem Zucker, dem Salz, der Trockenhefe und der Minze in eine mittelgroße Schüssel geben. Das warme Wasser unterrühren, so daß ein klebriger Teig entsteht.

2 Mit den Händen das restliche Mehl unterkneten und dann den Teig auf eine leicht mit Mehl bestäube Arbeitsfläche geben, eventuell etwas Mehl hinzufügen und so lange kneten, bis der Teig nicht mehr klebrig, sondern weich und elastisch ist. In eine saubere Schüssel legen, mit Frischhaltefolie bedecken und 5 Min. ruhen lassen.

3 Den Teig in vier gleiche Portionen schneiden. Jede Portion zu einer 60 cm langen Wurst formen. Diese nochmals in drei gleich große Stücke unterteilen. Ringe daraus formen, den Teig an den Enden fest zusammendrücken.

4 Den Ofen auf 190 °C vorheizen. Mehrere Backbleche mit Mehl bestäuben und die Teigringe darauflegen. Mit Frischhaltefolie bedecken und an einem warmen Ort 25 Min. gehen lassen.

5 Die Ringe vorsichtig mit der Eiweißmischung bestreichen und großzügig mit Sesamsamen bestreuen. 15 Min. backen, bis sie knusprig und goldbraun sind. Vor dem Servieren auf einem Gitterrost abkühlen lassen.

Sesambrötchen
PSOMAKIA ME PROZIMI

◆ ◆ ◆ ◆

Dies sind köstliche süße Brötchen für alle Gelegenheiten. Die, die Sie nicht gleich aufessen, können Sie einfrieren und bei Bedarf stückweise wieder auftauen.

> *Zubereitungszeit: ungefähr 30 Min. plus Ruhezeit*
> *Garzeit: ungefähr 20 Min.*
> *Ofentemperatur: 180 °C*
> **STÜCKZAHL: 48**

- 2 EL Trockenhefe
- 1,5 kg Mehl
- 200 g Zucker
- Salz
- 50 ml warmes Wasser
- 600 ml Milch
- 3 verquirlte Eier
- Vanillearoma
- 100 g Butter, zerlassen
- Magarine zum Einfetten
- 1 Ei, verquirlt
- Sesamsamen

1 Die Hefe, 3 EL Mehl, ¹/₂ TL Zucker, ¹/₂ TL Salz und das warme Wasser in eine kleine Schüssel geben. So lange rühren, bis die Hefe und der Zucker sich aufgelöst haben, dann mit Frischhaltefolie zudecken und an einem warmen Ort 15 Min. ruhen lassen, bis das Ganze schäumt.

2 Die Milch in einer Schüssel mit dem restlichen Zucker, etwas Salz, den verquirlten Eiern und dem Vanillearoma verrühren, dann die Hefemischung unterrühren.

3 Die Hälfte des restlichen Mehls über die Hefe-Milch-Mischung sieben und gut verrühren. Die zerlassene Butter unterrühren, dann nach und nach das restliche Mehl hineinsieben, bis ein fester Teig entsteht. Den Teig auf eine leicht mit Mehl bestäubte Arbeitsfläche legen, 10 Min. kneten, bis der Teig elastisch ist. Wieder in die gesäuberte Schüssel geben, mit Folie zudecken und 1¹/₂ Std. an einem warmen Ort gehen lassen, bis der Teig sich verdoppelt hat.

4 Den Teig wieder auf die Arbeitsfläche legen und so lange schlagen, bis er wieder seine ursprüngliche Größe hat. Den Teig wieder in die Schüssel geben und zugedeckt an einem warmen Ort 1 weitere Std. gehen lassen.

5 Den Teig auf der Arbeitsfläche so lange schlagen, bis er wieder seine ursprüngliche Größe hat. In 48 walnußgroße Portionen teilen. Aus jeder Portion eine 18 cm lange Rolle formen, und diese dann zu Ringen, Schnecken oder Brezeln weiterverarbeiten. Die Brötchen auf ein gefettetes Backblech legen und lose mit Frischhaltefolie bedeckt an einem warmen Ort 30 Min. gehen lassen.

6 Den Ofen auf 180 °C vorheizen. Jedes Brötchen mit dem verquirlten Ei bestreichen und großzügig mit Sesamsamen bestreuen. 15–20 Min. backen (eventuell nicht alle auf einmal), bis die Brötchen aufgegangen und goldbraun sind und sich hohl anhören, wenn man dagegenklopft. Vor dem Servieren auf einem Gitterrost abkühlen lassen.

Weihnachtsbrot

CHRISTOPSOMO

◆ ◆ ◆ ◆

Dies ist ein traditionelles Rezept, das man während der Weihnachtszeit in ganz Griechenland bäckt. Die Frau des Hauses, die das Brot bäckt, versieht den Teig mit einem Abdruck ihrer Hand und erklärt den Kindern, daß Jesus es vor dem Backen gesegnet habe. Wenn zwei Brote zuviel sind, dann frieren Sie es ein. Vor dem Verzehr bei Raumtemperatur mehrere Stunden auftauen lassen.

Zubereitungszeit: ungefähr 30 Min. plus Ruhezeit
Garzeit: ungefähr 30 Min.
Ofentemperatur: 180 °C
STÜCKZAHL: 2 BROTE

- 3 EL Trockenhefe
- 350 g Zucker
- 1,5 kg Mehl
- 1 Prise Salz
- 100 ml warmes Wasser
- 5 Eier
- 350 ml Milch
- ein paar Tropfen Vanillearoma
- 200 g Butter, zerlassen
- 100 g getrocknete Feigen, gehackt
- 50 g halb getrocknete Aprikosen, gehackt
- 200 g abgezogene Mandeln, gehackt
- 100 g Sultaninen
- *fein geriebene Schale von 1 Orange*
- *fein geriebene Schale von 1 Zitrone*
- *Pflanzenöl zum Einfetten*

1 Die Hefe, 1 TL Zucker, 2 EL Mehl, Salz und das warme Wasser in eine kleine Schüssel geben. So lange rühren, bis sich die Hefe und der Zucker aufgelöst haben, dann mit Frischhaltefolie bedecken und an einem warmen Ort 15 Min. ruhen lassen, bis das Ganze schäumt.

2 In einer großen Schüssel die 4 Eier, den restlichen Zucker und die Milch miteinander verrühren. Die Hefemischung, 700 g des restlichen Mehls und das Vanillearoma unterrühren. Die zerlassene Butter und dann die restlichen Zutaten hinzufügen.

3 Gut miteinander vermengen, bis ein fester Teig entsteht. Den Teig auf eine leicht mit Mehl bestäubte Arbeitsfläche geben und 10 Min. kneten, bis er weich und elastisch ist. Falls nötig, noch etwas von dem restlichen Mehl hinzufügen

4 Den Teig in die gesäuberte Schüssel zurücklegen und mit Frischhaltefolie bedecken. Dann an einem warmen Ort ungefähr 1¹/₂ Stunden gehen lassen, bis der Teig sich verdoppelt hat. Wieder auf die leicht mit Mehl bestäubte Arbeitsfläche legen und den Teig schlagen, bis er seine ursprüngliche Größe erreicht hat. Wieder in die Schüssel legen und zugedeckt an einem warmen Ort weitere 30 Min. gehen lassen.

5 Den Teig in sechs gleich große Portionen unterteilen. Jede Portion zu einer 30 cm langen Rolle formen und aus drei

Rollen einen Zopf flechten. Die Enden fest zusammendrücken. Den Vorgang mit den anderen drei Rollen wiederholen. Jeden Zopf auf ein leicht gefettetes Backblech legen, lose mit Frischhaltefolie bedecken und an einem warmen Ort weitere 30–40 Min. gehen lassen.

6 Den Ofen auf 180 °C vorheizen. Das restliche Ei in einer kleinen Schüssel verquirlen und damit die beiden Brote bestreichen. Das Brot ungefähr 30 Min. backen, bis es goldbraun ist und sich hohl anhört, wenn man dagegenklopft. Vor dem Servieren auf einem Gitterrost abkühlen lassen.

Osterbrot

TSOUREKI

Dieses nahrhafte Hefebrot wird traditionell zu Ostern gegessen. Die roten Eier symbolisieren das Blut Christi und werden in kochendem Wasser mit roter Farbe und Essig gekocht. Lassen Sie es abkühlen und verwenden Sie es dann wie in dem Rezept beschrieben.

Zubereitungszeit: ungefähr 1 Std. plus Ruhezeit
Garzeit: ungefähr 45 Min.
Ofentemperatur: 190 °C
STÜCKZAHL: 1 BROT

- *300 ml lauwarme Milch*
- *3 TL Trockenhefe*
- *900 g Mehl*
- *150 g Zucker*
- *1 Prise Salz*
- *fein geriebene Schale von einer ¹/₂ Orange*
- *fein geriebene Schale von einer ¹/₂ Zitrone*

- *50 g Butter, gewürfelt, plus etwas mehr zum Einfetten*
- *3 gut verquirlte Eier*
- *2 TL Vanillearoma*
- *3 Eier, rot gefärbt (nach Wunsch)*
- *1 Eigelb mit 3 EL Milch verquirlt zum Bestreichen*

1 Die Milch in eine große Schüssel gießen und die Hefe darüberstreuen. So lange rühren, bis sie sich aufgelöst hat, dann mit 200 g von dem Mehl und 25 g von dem Zucker verrühren. Mit Frischhaltefolie bedecken und an einem warmen Ort ungefähr 1 Std. ruhen lassen, bis die Mischung schäumt.

2 In eine andere große Schüssel das restliche Mehl, den Zucker und das Salz sieben. Die Orangen- und Zitronenschale unterrühren und die Butter hineinkneten, bis die Mischung krümelig ist. In die Mitte eine Mulde drücken und

die Hefemischung, das Vanillearoma und die verquirlten Eier hineingeben. Zu einem Teig verarbeiten.

3 Die Mischung auf eine leicht mit Mehl bestäubte Arbeitsfläche geben und 10–15 Min. kneten, bis der Teig weich und elastisch ist. Wieder in die gesäuberte Schüssel geben, mit Frischhaltefolie zudecken und an einem warmen Ort 1–2 Stunden gehen lassen, bis der Teig sich verdoppelt hat.

4 Wieder auf die leicht mit Mehl bestäubte Arbeitsfläche legen und so lange schlagen, bis er seine ursprüngliche Größe erreicht hat. Den Teig in drei gleich große Portionen unterteilen und aus jeder Portion 30 cm lange Rollen formen. Die Rollen nebeneinanderlegen und an einem Ende zusammendrücken. Dann einen Zopf flechten und die Enden zusammendrücken. Den Zopf zu einem Ring formen und die Enden fest zusammendrücken.

5 Die roten Eier, falls sie verwendet werden, in den Teig drücken und das Brot auf ein mit Butter gefettetes Backblech legen. Mit Frischhaltefolie bedecken und an einem warmen Ort 2 Stunden gehen lassen, bis das Brot sich verdoppelt hat. Unterdessen den Ofen auf 190 °C vorheizen.

6 Die Folie abnehmen, das Brot sorgfältig mit Eigelb bestreichen und 40–45 Min. backen, bis es goldbraun ist und hohl klingt, wenn man dagegenklopft. Zum Abkühlen auf einen Gitterrost legen.

Register